U0596669

本书系2020年度教育部人文社科一般项目“影像与印象：电影里的中国形象创作、接受与传播研究”（项目号：20YJA760074）的交叉性研究成果，亦为2020年度浙江省哲学社会科学规划项目“中国播音员口述史及数字化资料整理研究”（项目号：20NDJC150YB）的阶段性研究成果。

中国国际广播新闻节目制作策略研究

万丽萍 ◎著

中国国际广播出版社

图书在版编目（CIP）数据

中国国际广播新闻节目制作策略研究 / 万丽萍著. —北京：中国国际广播出版社，2021. 8
ISBN 978-7-5078-4980-6

Ⅰ. ①中… Ⅱ. ①万… Ⅲ. ①国际广播—广播节目—节目制作—研究—中国
Ⅳ. ①G229. 25

中国版本图书馆 CIP 数据核字（2021）第 182025 号

中国国际广播新闻节目制作策略研究

著　　者　万丽萍
责任编辑　张娟平
校　　对　有　森
装帧设计　人文在线

出版发行　中国国际广播出版社有限公司［010-89508207（传真）］
社　　址　北京市丰台区榴乡路 88 号石榴中心 2 号楼 1701
　　　　　邮编：100079
印　　刷　天津雅泽印刷有限公司

开　　本　710×1000　1/16
字　　数　169 千字
印　　张　13. 75
版　　次　2022 年 1 月　北京第一版
印　　次　2022 年 1 月　第一次印刷
定　　价　60. 00 元

目　录

第一章 绪 论

在当前信息传播高度发达的时代，人们接收信息的渠道越来越广泛。信息、通信、网络等技术的发展，对以传统声音媒介进行传播的电台音频节目提出了更高的要求。改革开放以来，我国广播新闻节目形态经历了从单一向多样的演变与发展，逐步回归到媒介本体，在一定程度上反映了时代的发展、社会的变迁、受众的需求对广播媒介的要求。但是，与其他传统媒介相比，广播的受众更加广泛和分化。在数字化、多媒体化的新环境下，很多传统广播音频节目较难满足受众的实际需求，尤其在广播新闻节目国际传播效果方面，亟须广播电台单位不断进行节目的改进和创新，才能提高我国广播新闻节目的国际传播效果。

根据皮尤 2018 年的报告，美国公共媒体系统包括美国各地数以百计的地方电台和电视台，在公共广播中，如 NPR（美国国家公共广播电台）、AMP（美国公共媒体）和 PRI（国际公共广播），都是通过本地无线电（传统方式）和网络数字（新媒体方式）两个路径制作和发行节目。纽约的 WNYC（纽约公共广播电台）和芝加哥的 WBEZ（芝加哥公共媒体）等通过联合方式制作原创新闻。2017 年，排名前 20 的公共广播属下的公共广播电台每周平均的收听量约为 1100 万人，超过了 2016 年的 1000 万人。对公共广播的受众进行细分时可以发现，接受地面无线电广播塔（传统收听方式）传播覆盖的听众数量这两年基本没有变化，平均每周的听众量这两年也基本保持在3000万左右。PRI制作的广播节目，如The World和The Takeaway平均每周可以获得900万的收听量（全部为传统收听方式），该数据与2016年也基本持平。APM平均每周的收听量则从2016年约1910万增至2017年的2050万。[①]

美国广播电台在新闻节目制作的每一个环节都有着严格的把关行为，可以说每个岗位上的工作人员都充当着把关人的角色。把关人（gatekeeper）概念最早是由传播学者勒温（Kurt Lewin）于1947年提出的，他把传播者比喻成守门人，指出信息的传播网络中布满了把关人，这些把关人负责对信息的流通进行筛选和过滤。1950年，怀特（D.M.White）将把关人理论引入大众传播领域，在对新闻编辑室的个案分析基础上明确提出新闻筛选过程中的“把关”模式。他认为媒介的报道活动不可能是“有闻必录”，而是对众多新闻素材进行取舍选择和加工的过程。1959年，麦克内利（Mcnelly）在怀特的“把关”研究基础上进一步完善，提出信源和最终的信息接收者之间存在一系列的把关环节，即一条由许多关口组成的“把关链”。1969年，巴斯（Bass）提出了把关的“双重行动模式”（见图1），该模式较好地揭示了传统媒体对新闻的把关过程。巴斯的“双重行动模式”把传播媒介的把关活动分为前后相连的两个阶段。第一阶段主要是新闻信息的采集过程，这里的把关人主要是新闻记者，他们对于信源发出的信息并不是“有闻必录”的。第二个阶段的把关主要是新闻信息的加工过程，这里的把关人主要是编辑。经过这两个阶段的把关和过滤，受众接触到的新闻信息大都是符合把关人价值标准的信息。也就是说，受众接触

---

① 皮尤研究中心．2018年美国新闻媒体行业的状况概览（二），https：//lmtw.com/mzw/content/detail/id/158353/keyword_id/-1.

到的不是客观环境本身，而是媒体建构的“拟态环境”。1991年，美国传播学者休梅克（Shoemaker）比较全面地总结出把关的五个层次，即个体传播工作者层次、媒介日常工作惯例层次、媒介组织层次、媒介外社会机构层次和社会体系层次。①

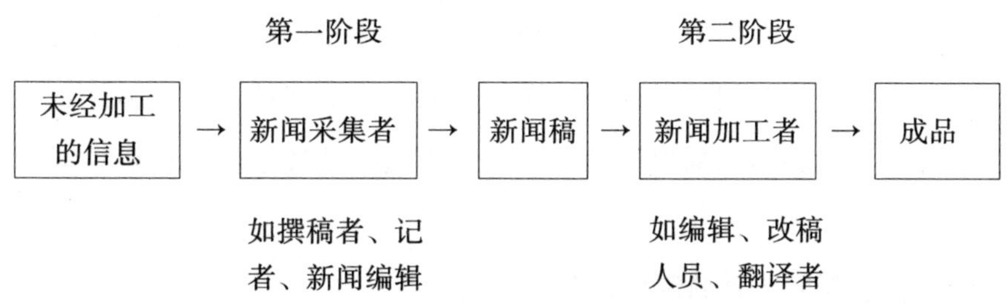

图1 巴斯的把关“双重行动模式”

在美国等西方发达国家的广播电台新闻节目制作过程中，无论是在采、编、播、评、制等环节，还是在日常的每一个细微的工作要求中，都体现出把关的特征和性质。比如，美国广播电台在新闻节目制作过程中除了布满各式各样的把关网络之外，在广播新闻节目制作上还具有以下几个较为显著的特点。

（1）注重新闻节目的故事性

这不仅表现在新闻事件的选择和新闻报道上，也体现在新闻内容的前后排列顺序上，不同新闻消息的播放顺序编排或不同新闻板块之间的前后衔接都要能体现“叙事弧”。换句话说，美国广播电台在新闻节目制作上注重“讲什么样的故事”和“怎么样讲好故事”，在新闻的“故事性”上倾注了较大精力。

① 靖鸣，臧诚．微博对把关人理论的解构及其对大众传播的影响［J］．新闻与传播研究，2013（2）：55-69+127.

（2）注重新闻节目的现场感

这主要体现在新闻节目里不仅要有主持人的新闻播报，还要有记者和采访对象在新闻现场的采访录音以及新闻现场的环境录音，这些声音既拓展了新闻节目的空间感，也给听众带来真切的现场感和听觉冲击性。

（3）注重新闻节目的即时性

尽管新闻节目在播放之前已经编排好了，但是遇到突发新闻暴发的时候，原先准备好的新闻节目或播放顺序等便要有所变动，节目制片人要随时准备好用没有脚本和播报稿的现场新闻报道来替代之前已经精心策划好的节目。

（4）注重新闻节目的制作技巧

美国等西方国家的广播新闻节目制片人注重节目的制作技巧。比如：建构板块之间的逻辑关系，塑造契合节目特征的正确韵律或节奏，为听众制造一些惊喜，保持节目内容的平衡等。

（5）“大制作”观念

以美国公共广播电台为主的广播新闻节目制作往往是一种“大制作”方式，即广播电台的新闻节目制作不仅仅是包括最后阶段时将所有搜集到的不同音频和音效进行剪切、编辑与合成，而是包括从一开始的寻找故事点子到采、编、播、评、制的每一个环节。这种一开始就从内容与形式上考虑到节目制作的可行性的做法，有利于保证节目在后期能够比较顺利地达到理想的制作效果。

美国广播电台新闻节目制作的最终目的如果用一句话来归结的话，那就是要制作出“可听性”很高的广播新闻节目。这样的话才能使广播新闻节目吸引更多的听众来收听，同时提高听众的黏性。为此，不管是记者、编辑，还是制作人、主持人等从业人员，他们不仅要会挖掘事实，还需要能说会写，会讲故事和兜售故事，并懂得适时地震撼听众或娱乐听众。这就是以美国为代表的西方广播新闻业的重要特征。美国等西方发达国家广

播电台在新闻节目制作方面的实践操作及其方法和技巧，也充分体现了美国等西方国家广播电台的“受众本位”思想理念。美国公共广播电台新闻节目制作流程具有比较典型的代表性，这些新闻节目制作流程和特点同样适用于美国的其他广播新闻机构，这也从某种程度上反映了西方广播电台新闻节目制作的一般状况。向听众“兜售”故事，抓住听众的“耳朵”，既是西方国家广播电台新闻节目制作的出发点，也是西方国家广播电台在新闻节目制作上的立足点。

美国等西方国家“受众本位”的新闻观念使得他们尤其注重对受众收听习惯和特点的研究，并针对受众特点来制作广播新闻节目。毕竟，国际广播新闻节目的受众是国外听众，要符合国外听众的收听习惯，我们有必要了解国外受众的收听特点以及西方国家的广播电台是如何进行新闻节目制作的。为此，本书从中西方新闻观与新闻价值观的区别出发，以美国等西方发达国家广播电台新闻节目制作为例，探讨我国国际广播新闻节目在采、编、播、评、制等各个环节的制作策略，使我国国际广播新闻节目的内容更适应国外受众，并提高我国国际广播新闻节目的国际传播效果。

第二章
广播新闻节目制作理念

第一节　新闻价值观

一、新闻的定义

关于新闻的定义，历来众说纷纭，莫衷一是。我国新闻学界对新闻的定义中最具影响力的有以下几种：

陆定一："新闻的定义，就是新近发生的事实的报道。"[①]

胡乔木："新闻是一种新的、重要的事实。"[②]

范长江："新闻，广大群众欲知、应知而未知的重要的事实。"[③]

---

① 陆定一．我们对于新闻学的基本观点［J］．中国共产党新闻工作文件汇编（下册）［C］．北京：新华出版社，1980：188.

② 胡乔木．人人要学会写新闻［J］．中国共产党新闻工作文件汇编（下册）［C］．北京：新华出版社，1980：224.

③ 范长江．记者工作随想（1961 年）［J］．新闻战线，1979（1）：16.

王中："新闻是新近变动的事实的传布。"①

甘惜分："新闻是报道或评述最新的重要事实以影响舆论的特殊手段。"②

宁树藩：新闻是"向公众传播新近事实的讯息"。③

西方的新闻学研究一般分为两大派别：理论派和实用派。其中实用派主要从实际应用的角度对新闻进行阐述，揭示新闻的使用价值和操纵方法。实用派的代表人物主要是新闻机构的编辑、记者、主编、制片人等。他们阐述的新闻定义，着眼点不在于科学地表述新闻的根本性质，而是强调在具体实践中新闻报道应该关注哪些重点。实用派的学者以美国居多。

19 世纪 30 年代《纽约太阳报》采访部主任博加特曾提出，"狗咬人不是新闻，人咬狗才是新闻"，这是美国实用派对新闻的经典性解说。20 世纪 30 年代初，美国《纽约先驱论坛报》采编部主任斯坦利·瓦里克尔更是提出所谓的三个"W"的标准，即新闻就是女人（Woman）、金钱（Money）和犯罪（Wrong-doing）。归根到底，实用派强调的是新闻的"新奇"。虽然上面这些实用派的观点严格来说都不能作为新闻的定义，但是它们的影响力不容忽视。

理论派以学者和教授居多，他们对新闻定义的表述比较严肃、严谨和科学。国外学者对新闻的定义比较有代表性的有以下几种：

美国新闻学者乔治·穆勒："新闻是经过记者选择以后及时的事实报道。"

德国柏林大学新闻学教授比德特："新闻就是把最新的事实在最短的时间距离内，连续介绍给最广泛的公众。"

美国威斯康星新闻学院教授布莱尔："新闻是最近发生的、能引人兴味

① 王中．论新闻［J］．新闻大学，1985（1）：14.

② 甘惜分．新闻理论基础［M］．北京：中国人民大学出版社，1982：50.

③ 宁树藩．论新闻的特性［J］．新闻大学，1984（9）：1.

的事实。”

美国哥伦比亚大学新闻学教授麦尔文·曼切尔：“新闻是关于突破事物正常轨道或出乎意料的事件的情况。”

日本东京大学新闻研究所首任所长小野秀雄：“新闻是根据自己的使命对具有现实性的事实的报道和批判，是用最短时距的有规律的连续出现来进行广泛传播的经验范畴的东西。”

日本新闻学者后藤武男：“新闻是把最新的事实，精确而迅速地印刷成了使多数人感兴趣且觉得有益的（消息），就是 News。”①

西方国家新闻学研究的两大派别（理论派和实用派）对新闻的定义更有偏重，也反映出这两大派别在新闻观念上的差别。实用派主要从实际应用的角度揭示新闻的使用价值和操纵方法，实用派多以美国居多，代表人物主要是新闻机构的编辑、记者、主编等。“狗咬人不是新闻，人咬狗才是新闻”，是美国实用派对新闻的经典性阐述。实用派归根到底就是强调新闻的“新奇”，而理论派则以学者和教授居多。虽然这些学者处于不同的阶级立场，有着不同的世界观，但他们对新闻的定义和我国新闻学者对新闻的定义具有一定程度的相似性，即认为新闻是对新近发生的事实的报道。综合国内外对新闻这一概念的定义，可以划分为以下五种类别。

（1）事实说

“事实说”以美国新闻学者弗兰克·莫特和我国著名记者范长江为代表。他们认为，“新闻是新近报道的事情”“新闻是广大群众欲知、应知而未知的重要的事实。”这类定义凸显出事实是新闻的本源。

（2）报道说

这种观点将新闻视为一种报道或传播的活动，以我国新闻学者陆定一为代表。

① 王益民．系统理论新闻学［M］．武汉：华中理工大学出版社，1989：35-43.

（3）手段说

这种观点将新闻归结于为达到某种目的特别是政治目的的手段，以日本新闻学者小野秀雄和我国新闻学者甘惜分为代表。这类定义的着眼点是新闻传播媒介的舆论导向功能，强调的是新闻传播事业的阶级性。

（4）趣味说

这种观点将新闻看成能够引起受众兴趣特别是受众感官刺激的因素，西方的实用派学者大多持这种观点。

（5）信息说

这种观点认为，新闻是经过新闻传播媒介传播的事实的信息。持这种观点的代表人物是日本新闻学者和田洋一与我国新闻学者宁树藩。理论界对“信息说”的思考和探索，迄今还未达到一个较为一致的新闻定义，但这种探讨深化了对新闻本质属性的认识，推动了新闻理论研究的发展。在众多研究的基础上，李良荣提出了两种新闻定义，即“新闻是新近发生的事实的报道”“新闻是新近事实变动的信息”。①

二、新闻价值观

新闻价值观是新闻从业者判断某一事实有无采写的必要，以及如何选取、组织、体现事实材料的依据，是新闻从业者采写稿件、编辑稿件时对稿件进行取舍、修改以及板块设计或时段安排的依据。新闻价值决定新闻从业者在纷繁复杂的信息中选择哪些信息进行报道，以及如何对之进行报道。新闻价值观念决定着新闻从业者选择什么样的事实进行报道，判断什么样的事实不能成为新闻，以及事实在成为新闻之后如何引起受众的关注等。

西方新闻学界并未给“新闻价值”作出科学的定义。但是西方学者

① 高卫华．新闻传播学导论［M］．武汉：武汉大学出版社，2011：31.

对于新闻价值的讨论，常常会谈到新闻价值的构成要素，即认为“及时性”“接近性”“显要性”“异常性”“冲突性”“人情味”等是新闻价值的构成要素。20世纪20年代，美国和日本的新闻学者将新闻价值的构成要素基本概括为：及时性、接近性、显著性、重要性、趣味性等。自1979年以来，我国新闻业界与新闻学界关于新闻价值的界定可以概括为以下四类。

（1）素质说

从新闻事实本身的角度来理解新闻价值，即我们通常所说的“新闻五性”：时效性、重要性、显著性、接近性、趣味性。

（2）功能说或效果说

从传播效果的角度来加以界定，也就是说，一则新闻所产生的社会效应越强烈，其新闻价值越大；反之则越小。①

（3）标准说

从新闻从业者的价值判断与选择的角度阐述新闻价值，认为新闻价值是选择和衡量新闻的客观标准，即“事实本身所具有的足以构成新闻的特殊素质的总和，素质的级数越高，价值就越大”。②

（4）关系说

从传受关系的角度来理解，即“新闻价值是指新闻事实（客体）的素质对受众（主体）需要的满足”。这是新闻信息对受众需求的满足，强调传受之间的利益需要。③

以上四类从不同的角度对新闻价值的概念进行的界定中，“功能说”强调新闻的传播效果，“标准说”强调新闻工作的选择性，“关系说”强调对受众需求的满足，“素质说”强调新闻事实的客观性和有用性。虽然各有道

---

① 杨保军．新闻价值论［M］．北京：中国人民大学出版社，2003：22.

② 余家宏．新闻学词典［M］．杭州：浙江人民出版社，1988：62.

③ 钱燕妮．新闻价值及其量化分析［J］．新闻世界，2000（6）：7.

理，但新闻价值的定义还有待进一步界定。目前较受认可的一种定义是："新闻价值就是事实本身包含的引起社会各种人共同兴趣的素质。"①

在选择什么样的新闻在广播上播放时，美国公共广播电台通常会选择那些会对人们产生巨大的影响的、不寻常的、意外的、首次发生的、时新的、有争议的、涉及知名人士、涉及死亡或悲剧的、涉及美国的、涉及重要问题的、具有人情味、有用的、众人皆知的事件。在决定要报道哪些新闻时，美国公共广播电台的主持人以及其他新闻播音员会根据每个小时的节目时间情况考虑一系列的因素，其中一些因素相当主观。从美国公共广播电台对新闻的选择标准可以看出，西方广播电台的新闻价值观是偏实用型的，即强调新闻的新奇性、趣味性、争议性、有用性和显著性。

而我国广播新闻节目一般会选择受众欲知、应知而未知的重要的事实，强调将新闻视为一种报道或传播活动，这与西方实用派强调新闻要引起受众兴趣尤其是感官刺激的观点形成较为鲜明的对比。在新闻观上，中西方存在"事实说"与"趣味说"的不同侧重点。正是由于中西方在新闻观上有着不同的侧重点，使得中西方在新闻选择、新闻价值判断以及广播新闻节目制作理念与实践上存在着一定的差异。

美国等西方国家广播新闻节目制作的理念趋向于实用派的观点，强调新闻的"新奇性"，重视新闻能够引起受众兴趣尤其是受众感官刺激的因素，在新闻价值观上更强调对受众需求的满足，强调传受之间的利益需求。在这种新闻节目制作理念的指导下，西方国家的广播电台在具体实践中更关注的是新闻报道应该抓住哪些事实、细节或重点才能让听众对新闻"故事"喜闻乐听，毕竟受众市场是广播电台生存与发展的重要支柱。

中国国际广播新闻节目的受众是国外听众。因此，在节目制作过程中首先要了解美国等西方国家广播新闻节目的制作理念和国外受众的接受习

① 李良荣．新闻学概论［M］．上海：复旦大学出版社，2003：170.

惯，才能制作出符合国际传播规律的广播新闻节目。与西方国家广播新闻节目制作理念更趋向于实用派观点相比，我国广播新闻节目制作理念则更趋向于理论派观点。在新闻观方面，两者都强调新闻的时效性与接近性。在此基础上，美国广播新闻制作更强调新闻的新奇性和趣味性，而我国新闻节目制作则更强调新闻的重要性和显著性。在新闻价值观上，美国实用派更强调对受众需求的满足，主要从实际应用的角度揭示新闻的使用价值和操纵方法，重视受众的收听兴趣尤其是感官刺激等方面的需求，而我国广播新闻制作则更强调新闻传播的社会效果和作用，重视受众对未知的新近事实的获知需求。这些新闻观与新闻价值观方面的区别，当然还包括阶级立场和价值观念的不同，是导致两者在制作路径、制作方法方面产生差异的根本原因。

虽然由于新闻观与新闻价值观方面存在的差异，导致实用派偏重对新奇性、趣味性的追求与理论派偏重对严肃性、严谨性的追求，但是这也不妨碍我们从西方广播电台节目制作过程中学习一些实用的制作方法与技巧。比如：寻找好的故事点子，提高讲故事的能力，节目“大制作”观念下的分工与合作等，从而使我国广播新闻节目在科学严谨的基础上更具象、更“好听”，提高国际传播效果。

第二节　广播新闻理念

广播这一传统媒介依然具有其他传统媒介所无法比拟的优势。比如：随身便携、灵活轻巧、方便使用，而且广播与听众的关系比其他传统媒介与受众的关系要亲密得多。虽然新闻照片依然能打动受众，电视媒介能够更加生动与直接地讲述一个故事，报纸上的新闻故事往往可以通过更加深

刻的语言来揭示某种思想或者某一事件的本质来吸引受众，但是，声音具有独特的丰富表现力，在广播新闻报道中，当事人对事件进行陈述的声音能够非常真实和形象地传达出人们的感受。

与其他媒体节目相比，广播新闻节目具有自身的特点。

（1）广播新闻能够对新闻事件进行及时的报道

在当前媒介技术快速发展的时代，新闻传播的速度空前加快，同电视、报纸和网络等其他媒介形式相比，广播媒体在外出进行新闻采写的过程中所使用的设备简便易操作，运行过程快速便捷，可以在第一时间内，以最快的速度通过移动设备直接传入直播室。在许多重大新闻的传播中，广播电台往往都是走在其他媒体前面的。广播新闻节目的及时报道，体现在播出时间早，播出次数多，随时可以打破原有节目格局，并能够随时报道最新消息。

（2）广播新闻节目受众广泛，收听灵活，覆盖面广

广播新闻不受年龄、性别、职业和文化程度等条件的限制，甚至不受经济条件的限制，它使那些被印刷媒体隔绝的群体和处于社会不同阶层的群体都能得到新闻信息的共享。广播是最佳的移动接收媒介，在受众无法接触报纸、电视的情况下，只有广播可以突破众多障碍，使人们更为便利地在第一时间收听最新的新闻报道。

（3）广播新闻节目的声音感染力强，对听众来说较有亲近感

广播用声音传递信息，使广播成为听众“贴心”的朋友，多种声音组合传播信息成为广播新闻节目的优势。广播新闻播报者通过其抑扬顿挫、富于感情的声音以及新闻现场音响的效果，给听众带来栩栩如生的想象空间。这样既可以表现出新闻事件的个性，也能使听众闻其声如临其境。

近几年，我国广播事业得到了快速发展。以新闻立台，是广播占领受众市场的制胜之道，它以及时、快速、现场感强的特点在传媒业日益激烈的竞争中始终占有一席之地。[①] 但从目前的情况来看，我国国际广播新闻节目仍然存在一些问题，难以在国际社会有效地发出中国声音。原因主要有以下几点：一是新闻主题不明确，制作手法单一，新闻选题平淡无奇，对国外听众影响较小；二是新闻节目中声音元素不丰富，难以调动国外听众的收听兴趣；三是新闻节目主持人、播音员在播报新闻时，统一的“播音腔”难以吸引听众；四是在新闻材料的选择和编排上还需要更加符合国际传播的规律，一些流于表面的新闻信息可能无法满足听众的信息需求。

同时，近年来，以美国为代表的西方发达国家的传统的广播产业也面临着卫星广播、数码广播、网络电台、手机广播等众多音媒的竞争，出现了市场不断细化、听众有所流失的现象。但是，西方国家广播业界为了在日趋激烈的竞争中求得生存与发展，提出了一些新的理念，探寻了一些新的应对策略。这些新理念与新策略也值得我国广播业界尤其是我国国际广播新闻媒体人重视和借鉴。

一、媒体融合

随着 21 世纪的到来，美国公共广播电台和其他新闻机构被迫以十年前难以想象的速度发展。互联网的快速发展和广泛普及，加上搜索引擎的成熟和基于网络的“内容聚合”的兴起，使人们能够像从当地广播电台或报纸上那样很容易地在个人电脑上获得最新的信息。便携式 MP3 播放器的发明和普及（MP3 最初只是作为音乐存储设备使用），意外地导致了播客的产生，播客让任何人都可以使用电脑和麦克风同步播放视频。手机的宽带网络和无线连接无处不在，这使得没有新闻工作经验的人们也可以对重大新闻做出贡献，甚至发现一个重大的新闻故事。

① 李慧佳 . 以提升新闻节目质量抢占广播受众市场［J］. 新闻传播，2011（6）：102.

互联网和新的媒介形式的发展既给传统的广播媒介带来了挑战，同时也意味着机遇。美国广播业之所以能够在激烈的市场竞争中仍然可以保持发展的趋势，一个很重要的原因在于美国广播机构和从业者在媒体融合方面的不断尝试和努力，尤其是重视加强广播与网络科技的融合、广播与科技巨头的战略性联合。

随着互联网的普及和新的媒介形式的发展，广播与网络及其他媒介的联系越来越紧密。广播的载体和信息传播渠道都发生了很多变化，早先的收音机已发展成为各种移动收听设备，人们通过这些移动终端便可以收听到以前只有通过收音机才能收听到的广播节目内容。如今，数字媒体的观念已经明显改变了传播广播内容生产和信息传播的一些理念。

同时，媒介环境的发展变化也促使美国传统广播新闻节目朝着数字媒介的方向发展。广播可以利用数字媒介来扩展新闻传播渠道以及增强新闻传播的效果。数字广播能够克服传统广播媒介一些缺点，比如传统广播媒介在收听时间上的单向流逝性、在内容上的不可回听性以及较为被动的内容选择性和较弱的传受互动性等。在当前的新媒介环境下，西方国家广播电台广播新闻的创新在新闻组织结构上也同时进行创新。比如，成立连接技术部门与新闻采编部门的虚拟工作室以协调不同部门的数据新闻需求，组织机构需要投入一定的资金，并为新闻创新建立战略规划等。新闻机构的领导人是否具有明确的创新意识、其在数字化转型中采取了何种战略、新闻组织是否建立了有助于新闻创新的企业文化等对新闻组织能否开放出适应媒介技术发展的数字新闻产品具有决定性的作用。①

在新的媒介环境下，美国广播电台想方设法使广播新闻报道适应各种数字媒体，让广播新闻报道的内容能够更加吸引在线用户。二十几年前，

---

① 李艳红．作为创新的数据新闻：新闻组织如何采纳、实验并将其常规化？——对三家新闻组织的对比研究［J］．复旦大学传播与中国论坛，2015：12.

美国国家广播电台便成立了数字媒体部门，专门应对从传统广播到数字广播这一转变，即从创建产品（广播节目）和拥有一个分销渠道（广播电台）的广播公司，发展成为“多产品多渠道的公司”。数字“产品”可能是一个网站、一个播客或博客，而“渠道”可以是从电脑屏幕到手机的任何媒介途径。

不同媒体以不同的方式与广播融合，给美国广播电台注入了新的生命力。网络科技的迅猛发展使广播也顺势建立了自己的网站，美国国家公共电台就非常重视自己的网站建设。广播网站不仅能实现调频 / 调幅广播在网络上的实时同步收听，还能够提供播客之类的音频文档让听众异步下载、随意收听。广播网站的多媒体功能将声音、图片、视频、文字融为一体，使得广播网站成为听得见、看得见的媒体。与网络时代的报纸、电视等传统媒体所面临的受众人数急速下滑相比，美国广播拥有的听众人数是庞大的，听众总人数与十年前几乎没有多大变化。广播网站还具有另外两种功能，即听众交流的平台和电台创收的场所。比如，公共广播的听众在“双向交流”博客站讨论新闻；明尼苏达公共广播电台利用网站了解听众对公共事务的看法，对所收集到的反馈进行整理和报道；而哥伦比亚广播公司为自己属下的各个电台创建了一个共同的网络平台，不仅成功地吸引了大量听众，也吸引了众多的广告商。

数码科技进一步彰显了广播媒体独特的功能和特点。例如，数码时代的广播具有更为清晰的音质，而音频科技的发展使广播接收终端更为小巧、更加便于随身携带；高清晰度和“伴随性”的车载电台可以让司机一心二用；网络广播、卫星广播、数码高清广播等音频产品使得信息传递更为迅速、节目类型更为多样，听众的参与度极大提高；新型的音频媒体，如手机媒体，成为突发事件的信息传播和联系工具；一些新的音频媒体融合了多媒体功能，成为“看得见的广播”，改写了广播只有声音没有图像和文字的历史。

在与科技巨头的战略性联合方面，美国广播业非常关注谷歌、YouTube之类的集成网站、Facebook/Twitter等社交媒体以及iPhone、iPad等智能手机与平板电脑这些数码时代信息传播新平台的用户群体，纷纷与这些科技巨头携手，并利用这些平台来推送自己的新闻产品。以公共广播为例，公共广播在2009年8月开发了iPhone公共广播新闻程式，12月又推出Android公共广播新闻程式，2010年6月开发出公共广播音乐程式，2011年11月开发了无线播放器，让听众更加灵活地在网络平台收听广播节目。[①]

美国广播业重视广播在数字媒体尤其是移动设备端上的生存技术与生存方式，因为在未来，广播新闻报道将越来越多地呈现给在线用户，用户作为新闻来源人和新闻消费者的角色将越来越重要。因此，美国广播从业人员所思考的，是如何塑造故事，如何根据不同媒介的特点对新闻内容进行包装，以及如何选择新闻故事中与不同听众相关的碎片内容在不同的媒介进行发布。

从美国等西方国家广播电台在激烈的媒介市场竞争环境中的发展理念来看，广播几乎从来没有过时，在今后的发展中，广播从业人员的工作方式需要改变，组织结构需要调整，内容需要优化和分类，从而将广播扩展到更多的、更年轻的受众那里。在新的媒介环境下，随着广播新闻音频文本越来越多，电台需要有一个稿件编辑团队来处理这些新闻内容；而且随着越来越多的人通过搜索引擎、网络、移动终端来获取日常新闻，广播电台节目的工作人员需要考虑组建一批懂得如何为这些渠道“优化内容”的团队，使广播电台的新闻内容更加突出，方便人们根据特定主题来搜索到这些新闻。

① Npr Overview and History.http：//www.Npr.org/about-Npr/192827079/overview-and-history.

二、市场细分

在当前的信息碎片化时代，网络以其开放性、便捷性等特点，促进了受众对于微内容的关注，网络等新媒介技术的发展使得信息传播的长尾效应得以凸显。在长尾效应的作用下，媒介的长远发展离不开“小众”“窄众”市场。尽管美国收听传统广播的人数众多，但随着各类广播台站数量的增加，以及各种新兴音频媒体不断地出现和发展，有一部分受众尤其是年轻受众更多地转向了新兴媒体。因此，美国广播机构积极地通过细化市场来捕捉不同领域的“小众”，开拓了汽车广播、卫星广播、网络广播、数码高清广播、播客、手机广播等细分市场。

（1）汽车广播

美国人均汽车使用量世界排名第一，车载收音机成为美国人日常生活的重要部分。美国卫星广播凭借其超越地理屏障的优势，占据了汽车广播的一席之地。越来越多的汽车制造商开始在新款汽车中安装可接入互联网的音频系统，随即成为卫星广播的有力竞争者。同时，容量巨大的硬驱设备也被装入新款汽车，音控台便成了车主下载各种音乐的高清播放器。

（2）卫星广播

卫星广播突破了传统地面广播信号传输距离的限制，覆盖面积大，声音质量好，选择频率多，这对以覆盖全美为目标的大台来说非常重要。2001 年 11 月开业的 XM 公司（XM Satellite Radio）是世界上第一座卫星广播服务站，几个月后天狼星公司（Sirius Satellite Radio）也开始营运。随后几年间，这两家公司陷入恶性竞争，亏损严重，听众人数也陷入停滞状况。2008 年，两个竞争对手终于合并为天狼星 XM 卫星广播公司（Sirius XM），成为美国唯一一家卫星广播服务提供商。合并后的公司经过资源重组，发

展势头良好，付费订户也从合并时的1400万增长为2013年的2560万。[①]

（3）网络广播

网络广播的优势在于收听节目没有了地域的限制，收听时间可以灵活安排。美国公共广播电台记者的采访录音，通常必须缩短到3~8分钟才能适合广播节目新闻报道的时长，但是在网上发布时，采访录音的内容可以更长一些。所以，那些不能在正常广播时段播放的音频新闻都可以放到网络广播上来播放。记者有时甚至可能将原始报道中剩余下来的材料专门做一篇网络报道。数字媒体不但可以扩展和支持广播节目，同时也为用户提供他们在顶级报纸网站上找不到的资料。

（4）数码高清广播

为了与网络电台、卫星电台竞争，传统的AM/FM广播投入了大量经费开发数码高清广播，期望用传统广播的升级版即音质完美的数码广播服务来争取听众，但效果却不尽如人意。表面原因是听众需要购买价格不菲的数码收音机，但真正的原因是数码高清广播播放的节目与地面广播播放的节目内容相同，使得听众失去兴趣。因为，与其花钱购买数码收音机去听免费的调频/调幅广播内容，不如花钱去享受卫星广播服务。

（5）播客

播客是一种音频程序，允许听众将网上的广播节目下载到自己的iPod、MP3、智能手机或其他便携式数码播放器中，尽享随时、随地、随身收听的自由。美国很多广播网站都提供播客资料下载服务。例如，美国国家公共电台（公共广播）的官方网站上提供超过10年的播客音频资料，下载量逐年增长，2012年达到平均每月2930万人次，[②]2013年下载量略有下降，但整体而言，播客听众还是呈平稳增长的势头。播客内容的长度不受广播

① 2014年度新闻媒体状况．华盛顿，皮尤研究中心，2014.

② 2014年度新闻媒体状况．华盛顿，皮尤研究中心，2014.

电台节目时长的限制，在广播上，如果节目内容比规定的时长多了5秒钟，那将是很严重的问题，要找出这多出的5秒钟并将之剪辑掉，将会是一项非常辛苦的工作。播客内容的长度可以是内容所要求的长度，但同正常广播节目时长相比，一般不会有太多的变化。播客内容的灵活之处还在于，播客可以选择不同的主题，可以使用不同的语气，可以使用广播上禁止使用的语言。播客中的很多新闻节目从一开始就不同于广播新闻杂志节目里的大多数节目，播客节目实际上是一种迎合细分受众的“窄播”。参与播客制作的公共广播电台制片人其实是以一种廉价的方式让网络广播与传统广播进行互补，并通过这种方式与对某些新闻主题充满热情的听众建立联系。

（6）手机广播

美国成人的手机拥有量很高，大多数手机都具备了接收调频 / 调幅广播和高清数码广播信号的能力。如果说以前收音机是美国人使用最多的媒体，那么今天，手机必不可少且随身携带的特点使它被人们誉为“21世纪的便携式收音机”。美国广播协会要求政府规定手机制造商必须安装调频收音机天线，以确保在恐怖袭击、大面积停电等紧急情况下，绝大多数美国人能接收到无线电信息，以便高效地开展应急救援工作。虽然，手机制造商和手机通信运营商强烈反对这一主张，认为这不仅是技术创新的倒退，而且会带来诸如缩短电池寿命等不良影响，[①] 这一要求最终能否实现目前还不得而知，但是它至少说明了手机作为传播媒体的重要战略价值，也从另一个角度证明了美国广播事业的侧重点和发展方向。

美国广播业在市场细分方面的实践给我们带来的启示是，广播新闻节目既要契合广播新闻的传播规律，又要满足新媒体时代听众“小众化”“个性化”“碎片化”的信息接收习惯。因此，广播新闻可以善用网络、微博、

---

① 2011年度新闻媒体状况 . 华盛顿，皮尤研究中心，2014.

手机等新媒体手段，既快速又有针对性地向新媒体用户提供及时的最新消息，充分借助新媒体传播速度快、传播范围广的优势，让广播更加走近受众、贴近受众。

三、重视用声音讲故事

与其他传统媒介尤其是报纸新闻相比，广播新闻节目具有独特的地方。比如，不像报纸新闻那样有粗体字的大标题，没有“头版头条”，没有易于识别的“章节”，不能跳过收音机节目中的某个片段去选择想听的节目，不能倒回去重听前面没有听清的节目内容，也不能提前知晓后面要播放的内容。而且，广播节目是有严格的时间要求的，不能提前播放，也不能延迟播放，两秒钟在广播里是一个很长的时间概念，广播电台工作人员的工作日程都是严格受到时间的规范和限制的。与其他传统媒介相比，广播的独特之处在于其声音的魅力。

我国广播电台在广播新闻制作过程中重要的是用声音来讲故事，不仅要“讲好”故事，还要讲“好故事”。声音有巨大的魅力和影响力，广播新闻也是一门艺术，要通过声音来把故事讲得更精彩，这样才能唤起人们的注意力。西方国家广播业界甚至认为，几乎没有什么比人类的声音更能影响人们的了。

20 世纪 90 年代后，互联网成为一个受欢迎的新闻来源，尤其受到年轻人青睐，互联网的冲击加速了报纸订阅量的下降。尽管报纸的很多读者流向了互联网，但广播依然具有自己不可比拟的优势。如今，“收音机”与其说是一种特定的接收器或从发射机发送信号的手段，不如说是一种通过文字和声音传递新闻和信息的方式。“广播节目”可以广泛传播，不仅可以在网站上播放，也可以被传送到手机或其他可以通过附近的无线网络上网的便携式设备上。“广播”依旧是一种主要靠口语来传播的、便捷的大众传播模式。

广播新闻节目的制作是一种艺术，它也需要有像电视记者或报纸记者那样的专业技能，即寻找消息来源、进行采访、从文件数据中挖掘信息、到达事件现场、仔细勘察等，再加上广播媒介独特的一点：倾听，或者说是“用耳朵报道”。正确的声音，比如战时空袭警报的隆隆声、一座因化学品泄漏而废弃的建筑物中的回声、证券交易场的叫喊声等，往往可以替代几十个甚至数百个单词，也可以像照片一样描述事件和唤起人们的注意力。

如今，广播可以通过许多不同的方式发布新闻报道（通过其会员电台、卫星、互联网、播客、手机等），而且广播电台也有自己的网站，除了可以在网站上提供音频新闻报道，也可以在网页上提供文字版本的报道。但是，收音机最大的优点仍然是用声音讲述故事的力量、人类声音的表现力以及广播媒介的亲密性。

除了要重视声音的表现力以及声音给听众带来的亲密性，我国广播电台还要充分重视新闻故事的开发。平时要多思考如何去寻找故事、如何提出故事点子、如何建构故事、如何编辑故事、如何讲故事等，“故事”在国际广播新闻节目的制作过程中受到的重视程度不断加强。

广播科技日新月异的发展使得传统的“广播产业”概念已显得过时，广播的外延已经不能涵盖和反映当前各种音频媒体的客观实际。有鉴于此，皮尤研究中心从2009年开始，在每年一度的美国新闻媒体状况报告中，用音媒产业（Audio）这一新的称谓替代旧的广播产业（Radio）一词，以便更全面、更准确地反映传统的调频/调幅广播与非传统的卫星广播、网络广播、手机广播和播客等声音媒体相互竞争与融合的现实。

总之，当前国际广播新闻节目的发展现状和发展趋势对我们有如下启示：中国是世界上最大的智能手机市场，手机承担着信息传递的基本功能，同时也被赋予公共安全的战略意义。所以，在重视传统广播的同时，应将目光聚焦到手机这一最有发展潜力的非传统音媒上。20世纪五六十年代，

美国汽车业挽救了日趋衰落的广播业；今天，中国汽车市场巨大，车载电台应成为提振我国广播业的重要途径。此外，我国广播业还要探寻更多的将广播音频与其他媒介结合的途径与方式，并提高媒介融合后的传播效果。比如，我国广播电台的网站建设和网络广播方面亟待完善，若能将图片、视频和音频结合起来，充分利用广播电台在录音制作方面的经验与网络工作人员对强有力的视觉展现技巧结合起来，将大大提高网络广播的质量、效果与辨识度。

第三章

广播新闻采写

在西方多数国家，绝大部分广播电视都是极端党派性的，表现为报道上的“攻讦、诋毁、肆无忌惮”①。西方新闻媒体在很长一段时期里都标榜自己有党派性。但是，近年来，他们却声称：他们的新闻媒体及其新闻报道不受政党、政府的影响，也不受其政党、政府的“控制”，而是代表“全体人民的利益”。但是，这种宣称无法改变西方新闻媒体的阶级特性及其所代表的阶级集团利益的本质，西方新闻媒体的资产阶级新闻党性仍然非常浓烈。西方国家不管如何巧妙打造受听众“喜闻悦听”的新闻节目，其最终目的是体现和维护其本国利益和党派利益。这是我们理解西方国家新闻报道特点的一个重要出发点。

在我国，广播新闻工作的宗旨是为人民服务，新闻报道注重满腔热情地鼓励和支持人民的创新拼搏精神，以充分调动人民群众的积极性、主动性、创造性，发掘和传播人民群众的智慧和创造精神，促进社会的发展和进步。我国新闻工作的基本原则是坚持社会主义的政治方向，新闻宣传是把人民群众作为主角，充分发挥舆论引导作用，有效地为人民群众行

① 韦尔伯·斯拉姆，等．报刊的四种理论［M］．北京：新华出版社，1980.

使民主权利创造条件。这与西方国家党派之间为了各自的利益而利用各类新闻媒体“互泼脏水”“互揭隐私”，甚至对对方的家庭婚姻、财政收入等进行了娱乐圈狗仔式的跟踪和调查以期用此来扳倒对方的情况截然不同。

西方新闻工作者在新闻报道中十分重视“客观性”，但他们的阶级立场和世界观决定了他们的新闻报道并不能真正地客观。而且在阶级社会中看待社会、政治、经济现象也不可能有超越阶级的客观。然而他们在新闻采写中尽量注意保持新闻的客观形式，这一点却是值得我们借鉴和学习的。尤其是当我国广播新闻节目的受众是国外听众的时候，从广播新闻的采写开始就要考虑到西方受众的新闻接受心理，要按照西方受众的接受习惯来进行广播稿件的写作。为此，我们有必要了解一下西方国家的广播电台是如何进行新闻采写的。

第一节　新闻挖掘

美国公共广播电台不同部门、不同岗位的工作人员的主要分工较为明晰，电台的新闻采写工作大部分时间是由电台的记者来完成的。所以，记者的人格特征和专业技能对新闻采写及新闻现场报道节目有着举足轻重的影响。不管是在美国公共广播电台还是美国其他大多数新闻机构里，对于“记者”这一职务的描述中都包含许多职责。但是，凡是做得很成功的记者，都有一些基本素质和技巧。

以美国公共广播电台为例，公共广播电台对好记者的基本素质和技能要求包括充满好奇心，喜欢质疑，尊重事实真相，掌握倾听技巧，善于快速吸收消息，能够娴熟使用媒体设备，善于开发新闻消息来源，掌握录音

采访制作技巧，能够在紧迫的截稿要求前完成采访及录音制作，还要擅长提问题，善于引导受访者简单、形象地阐释事件，从而为节目塑造一个完美的、听众爱听且容易听懂的故事。也就是说，公共广播电台在要求记者具有好奇心和怀疑主义等特质外，还要求记者掌握一定的技能，比如用心聆听受访者、知道去哪里获取信息、快速判断信息的价值、快速完成音频新闻的制作等。由此可见，西方国家广播电台对记者的要求非常全面，不仅要会说，还要会写；不仅要懂新闻采访，还要善于挖掘新闻故事；不仅要懂录音制作，还要善于呈现一个故事。

的确，一次好的采访可以把听众带到现场。而这些把听众带到新闻发生现场的工作大部分都是由记者来做的。在美国公共广播电台，像 *Talk of the Nation* 这样的节目，可以接听来自全国民众打来的电话，听众可以在电话里描述他们那个地方发生了什么。但是，在大多数情况下，记者是公共电台新闻杂志节目的眼睛和耳朵，就像记者是商业新闻广播节目的眼睛和耳朵一样。通常一天的节目当中包含来自休斯敦的大教堂、亚拉巴马州伯明翰的恐怖分子审判法庭、阿富汗－巴基斯坦边境、科罗拉多的监狱、得克萨斯的野生动物保护区以及其他很多地方发来的报道。

西方国家广播电台记者通常分为不同的条线，不同条线的记者负责报道自己这条线的新闻事件。同一间办公室里，两个相邻小隔间里的记者可能就有着几乎完全不同的新闻事件轨迹。这些新闻条线包括政治、文艺、科技、商业条线等，每一条线下还有更为细化的领域划分，比如警察与监狱条线、国会与宗教条线、先进技术条线、情报信息条线等。这种细化的条线划分，使记者长期专注于某一领域的新闻报道，从而便于记者在熟悉该领域发展状态并累积该领域线人的基础上，能够更快地挖掘到新闻。

西方国家广播电台的记者经常要去找新闻，所以有些记者几乎每周都在路上，有些记者则长期驻守在某个固定的地方。有些记者则一两天才报

道一次新闻，他们试图在任何可能的地方挖掘新闻，并在新闻事件一发生时就马上到达现场采访。其他一些记者则很少处理硬新闻，而是关注头条新闻背后的故事。还有一些记者负责追踪文化潮流或科技进步，或艺术、科学及商业方面的发展状况。但是，他们都有一些共同的目标，比如：找到一个出色的故事，这个故事可能是一场有争议的武器交易，可能是重金属乐队的音乐有了新的突破；或者开展探究性访谈，揭示最具说服力的事实和细节；或者是对这些信息进行有效的、公正的编辑；或者通过强有力的讲故事能力和广播的表现力，生动地展现事件和人物；或者利用场景和声音使观众成为新闻的积极参与者。当一切进展顺利的时候，公共电台确实会把听众带到新闻事件的发生现场，比如：在美国国会大厦的幕后，在东南亚的一个难民营，在佛罗里达的大沼泽地以及其他任何一个记者可以带着麦克风到达的地方。

新闻条线多，分工明确，这使得广播新闻报道的内容涵括范围较广，内容更为丰富多彩，能够扩大广播新闻的覆盖面，满足更多的不同受众的新闻需要。在条件允许的情况下，美国等西方国家的广播新闻报道音频中一般包含三个重要的组成部分，即“新闻播报音 + 记者现场访谈录音 + 音效”，听众听到的不仅仅是主持人或播音员坐在广播间里“读”新闻。西方国家的广播新闻报道注重现场感，所以他们会尽力去到新闻现场，将现场采访录制下来，并把新闻现场的一些典型的、有特点的声音也录下来作为音效使用。尤其是在新闻播报完毕还有一点时间间隙的话，这些音效就能派上用场，使听众仿佛能感受到现场的氛围，产生身临其境的感觉。我国国家广播新闻节目在制作时，也要充分考虑到这一点，充分发挥新闻现场的作用，这就需要我们的广播新闻工作者不仅能够第一时间亲临新闻现场，还要善于挖掘新闻。

一、开发信息来源

对新闻线索的挖掘、处理、运用，是新闻报道活动的重要起点，更是新闻生产链的首要环节。新闻线索（也称采访线索、报道线索），是指为新闻采访报道提供的有待证实、扩展和深化的引导性信息。作为新闻报道的最原始信息来源，线索可以提示新闻的价值所在，引导新闻采访的方向，是新闻策划的信息基础和必要条件，更是确定策划方向的主要决策依据。及时、丰富的线索资源，对于提高新闻策划的超前性、精准度具有重要意义。[①]

西方国家广播电台因为特别重视开发新闻来源，所以挖掘新闻的方法很多。为了找到别人找不到的故事，电台记者、制片人等都会跟很多人交谈，并以此为起点来发现故事。不同条线的记者有不同的新闻来源。比如，警察和监狱条线的独家消息报道记者同国会或宗教条线的记者有不同的新闻来源。独家消息报道的记者往往能够在突发新闻一发生的时候，就能很快拿出令人印象深刻的报道，这是因为他们认识很多了解内幕消息的人，而这些人外界尚不知晓。例如，一个先进技术条线的记者会定期同芯片制造公司、计算机行业、电信公司、电视和互联网公司的高管们交流，也会同计算机程序员和工程师、材料科学家、销售代表、广告专业人士以及几十位其他高科技领域的相关人员保持交流。这些人当中的任何一个人，都有可能知道或者谈及一些消息或事情，而这些信息有可能就是一条新闻的源头或雏形。

西方国家的新闻记者，尤其是独家消息报道的记者，一般都会选择一个自己感兴趣的新闻条线或新闻主题。例如，当地电台的记者可能会决定把注意力集中在交通报道方面。在这种情况下，就需要记者去结识交通部

---

① 王继然 . 浅谈新闻线索的挖掘与运用［J］. 海河传媒，2021（1）：65-68.

门的工作人员，了解到谁是关键人物，哪些问题与公众最相关。掌握了这些背景信息后，记者才能在其他媒体报道出来之前，先行一步进行报道，或者他能够意识到什么时候将会发生什么事件，什么事件是公众关心的或值得报道的。如果某个记者有自己独家消息来源的话，他甚至可以成为这个领域的专线记者。这意味着要成为某一领域的专线记者，他需要开发很多线人，即具有这个领域的专业知识的新闻人线索，这些线人都可能成为记者的消息来源人。在西方国家，一般认为最好的记者总是和他们的消息来源人混在一起。哪怕并不是刻意要去跟踪报道某一个特定的事件，从事新闻报道工作的记者们也会多花时间经常与所在领域的关键人物见面，这样的话会让消息来源人从个人角度认识和了解记者，有的记者甚至与消息来源人建立类似朋友的关系，这样的话便于将来消息来源人为记者提供一些有用的信息。不过，依据行业规范，不管记者是如何找到消息来源人的，不管他是多久和他们见一次面，记者总会与线人保持“一臂之距”。比如，为了和消息来源人保持一定的距离，记者一般不会邀请消息来源人来参加通常只有朋友和家人才能参加的聚会，同时也会避免让自己的家人和线人的家人同时在场，目的就是避免让线人产生“记者是朋友”的误解。

由此可见，美国等西方国家的广播新闻节目为了能够“先声夺人”，在最快的时间挖取到新闻，会尽力去开发更多的线人，并维护好与线人的关系，以便新闻爆发时能够第一时间获取到相关资料和消息，但是这种线人资源的开发具有较强的目的性和功利性。如前所述，由于我国的新闻观和新闻价值观与西方发达国家有所不同，所以我国在广播新闻制作方面不可能沿袭西方国家的做法。但是，我国广播新闻媒体人也应该具有这种新闻敏感或新闻素养，善于发现、处理、运用具有新闻价值的消息。毕竟，对新闻线索的挖掘、处理、运用，是新闻报道活动的重要起点，更是新闻生产链的首要环节。挖掘与运用新闻线索的能力，不仅体现了媒体人的新闻发现力，而且是媒体内容生产能力及核心竞争力的重要体现。

众所周知，广播媒介的一个重要优势就是传播速度快、时效性强，广播新闻节目也要发挥这一广播媒介的优势。如果广播新闻媒体人具有良好的新闻敏感性，能够提前预测、及时发现潜在的新闻素材，并在新闻发生的第一时间处理和制作出新闻报道播放出去，那么就能扬长避短、发挥优势，用听觉逻辑和听觉形象解读新闻、传递信息，充分发挥广播新闻传播的优势。

余家宏等编写的《新闻学简明词典》对新闻线索的定义是，“新闻线索是新闻事实发生的讯息或信号，是新闻敏感的捕捉对象，也是新闻记者进行采访活动的出发点”。由此可见，线索的最基本特征是“引导性信息”。通过对新闻线索的辨义，我们不难发现，真正有新闻价值的线索往往深藏于各种假象和伪装之中，能否得到有价值的新闻消息，考验着每一个媒体从业者的新闻发现力，即及时识别、准确判断事实所含新闻价值的能力。媒体人挖掘、运用线索的过程，表现为一种积极主动的思维形态。[①] 为此，广播新闻媒体人需要走出“信息茧房”，及时发现线索，准确判断线索价值，深入思考新闻报道方向，才能更好地提升新闻报道的质量。

二、开发其他新闻来源

广播新闻媒体人新闻发现力主要体现为新闻发现、判断和取舍的能力，这一能力不仅是长期训练的结果，更需要在具体新闻实践中不断强化。除了开发新闻线索之外，广播新闻媒体人还要培养广泛的兴趣爱好和阅读习惯，提高问题意识和研究能力。一个新闻事件可能与另外一个新闻事件存

① 王继然．浅谈新闻线索的挖掘与运用［J］．海河传媒，2021（1）：65-68.

在着某种联系，一条新闻所涉及的材料中有可能会包含其他有价值的线索，一次普通的新闻采访中也可能会挖掘到一个有意义的故事，这些都需要记者有足够的耐心从繁杂的信息中去筛选。所以，广播新闻记者不仅要有新闻敏锐性，还要有广泛的兴趣爱好和阅读习惯，有较高的问题意识和研究能力，并知道去哪里寻找这些新闻材料和其他信息。事实上，有事业心的记者所面临的挑战，并不是要处理缺乏信息的问题，而是要解决去哪里找到相关资料，以及如何解剖和分析这些资料数据的问题。对于大部分新闻报道来说，去哪里找到相关资料，以及如何剖析这些资料数据，和拥有好的信息来源人是同等重要的。

比如，美国广播新闻记者就总是千方百计去寻找原创故事的好来源。美国广播新闻记者会从各种官方文件以及保密的医疗记录等证据中来搜索信息，把目击者的陈述利用起来作为调查的根据，甚至从某一机构高管的薪酬表格中也能挖掘出一个好故事。这种对各种事物保持好奇心的状态，总是可以使记者从偶然发现一条新闻线索中挖掘出有价值的报道内容。

广播电台记者每天要报道的新闻很多都不是来自他们个人专业方面的事件，而是由新闻事件本身的性质所决定的。听众们只是期望，当有新近的事件发生时，他们能够及时知晓。当一个新闻事件显而易见值得报道的时候，新闻媒体人需要关注的就是从哪个角度来对这个新闻事件进行报道。在这里，事件的性质往往决定了新闻报道的模式。记者在 5W（Who，What，When，Where，Why）和 1H（How）中的每个元素上花多长时间，取决于这一新闻事件本身的性质。比如，这个事件是飞机失事、谋杀审判，还是与人们现实生活息息相关的政策制度的颁发等。新闻事件的重要性、新闻事件与社会大众的关联度等往往决定了某一新闻事件的性质。广播新闻报道往往也是一个团队一起合力制作的结果，在决定新闻事件报道角度这个问题上，记者、编辑等可以一起进行简短的会谈以达成一致看法。国外记者也会和编辑一起来探讨新闻事件的报道方向，即使是在突发新闻发生的时候也会这样做，目的是确保他在如何报道一个事件的问题上与编辑保持一致。

第二节　新闻采访

广播新闻节目的独特性在于其声音，再好的广播新闻节目都是要通过声音来表现的，所以记者在新闻采访的过程中，能够获得好的采访录音就显得非常重要。美国公共广播电台新闻报道的一个原则是，最好的作品也要依赖于强大的采访录音和现场环境录音。所以，记者们会花大量的时间和精力，不仅是为了找到合适的人，同时也要说服他们允许记者把采访的谈话内容用录音设备录下来，然后才是鼓励被采访人如何用流利和丰富的语言表达。如前所述，广播新闻的三个重要组成部分是新闻播报音、记者现场访谈录音和音效。对于广播新闻记者来说，有效或者高效的采访录音是广播新闻节目的一大亮点。因此，新闻采访录音往往能增强广播新闻节目的现场感和即时感，提高有声新闻的传播效果。新闻采访录音在美国等西方国家的广播新闻中如此重要，以至于他们常常因为当事人不让录音而感到沮丧，而最令他们兴奋的就是："我有很棒的录音！"

一、预采访

如果前期已经找到了一个好的信息来源人，那么接下来要做的就是对他进行采访。为了保证采访录音的质量适合在广播上播放，有必要先对其进行一个预采访。美国公共广播电台与我国广播电台的一个差别就是，美

国公共广播电台一般设有专门的采访邀约人，而我国广播电台则没有这一专职岗位。采访邀约人的职责就是包括先对被采访者做一个预采访，以保证其在正式接受采访时能够使采访录音听起来更完美一些。美国公共广播电台的新闻节目中总是有很多的受访者的声音，这其中一个很重要的原因是因为美国公共广播电台有专职的采访邀约人。采访邀约人专门联系有新闻价值的人士，并说服他们接受电台的采访。不过这些被邀约到的采访候选人一般都是为电台主持人联系和储备的访谈对象，采访邀约人在事先对这些邀约到的采访候选人做预采访时，也会判断采访候选人是否有观点，是否适合出现在广播新闻节目中。

在西方国家广播电台单个的广播节目中，主持人访谈的对象可能只是马达加斯加一部新近出版的小说的作者、一位美国最优秀的冬不拉演奏家、一位刚开始出现叛乱的亚洲国家的总统、一位刚刚赢得计算机编程比赛奖项的青少年、一位研究美国俚语的语言学家，或者是一位在佛罗里达州看到当地麦当劳店塌陷到地面下形成一个大坑的目击者。但在做这些采访之前，必须有采访邀约人跟踪采访这些人，并确定他们是否能够在广播上流利、连贯地交谈。因此，采访邀约人必须机智老练，有说服力、想象力和毅力，即使有时会遭到采访对象的漠然对待或愤然拒绝也能坦然面对并坚持不懈。当他事先安排采访时，只能通过采访对象的新闻秘书或代理人才能跟采访对象进行邀约，而他们的新闻秘书或代理人有时可能顽固执拗。他要说服采访对象接受采访，向他们保证他们可以放心发表言论，并鼓励他们到直播间来。从某种程度上来说，采访邀约人的角色是记者、侦探和推销员三种角色的融合。虽然他们的工作对公众来说是看不见的，但他们的工作成果听众每天都能被听到，也就是听众在公共广播节目里能够听到与其他广播或电视、网络上所不同的采访对象的声音。

邀约人要邀约什么样的采访对象，这取决于节目的内容和性质。有时，节目组会要求采访邀约人为主持人写广播导语。其他一些采访邀约人通常要草拟一些在采访中要问的问题。有些采访邀约人要与编辑密切合作，而有些工作几乎是独立的。甚至他们的职位叫法也各不相同。在一些节目中，采访邀约人被称为编辑助理或助理编辑，而在其他一些节目中，要求从电台的暑期实习生到执行制片人的每位工作人员都要去做采访邀约。唯一不变的关键一点就是，采访邀约人要试图找到最好的人来谈论一个特定的话题——无论是暗杀南美政府官员，还是金鹰从阿拉斯加迁移到亚利桑那州等。

在进行预采访之前，采访邀约人必须先邀约到相关人士，包括知名人士和普通人。在邀约的过程中，采访邀约人会遇到特殊的挑战和挫折。

首先，在邀约知名人士时，许多名人不接采访邀约人的电话，所以要让这些名人上广播，就意味着要通过他们的新闻秘书、代理或助手来联系上被邀约人。这些中间人有时态度傲慢、阻挠邀约或言而其他，所以采访邀约人要有极其乐观的坚定态度。美国公共广播电台采访邀约人分享的成功邀约知名人士的方法主要有：（1）让邀约对象尽可能地用简便的方式来接受采访。比如，安排一个电话采访，那么知名人士在家里穿着睡衣时也能完成这个电话访谈。（2）用电台节目主持人的声誉来进行销售，比如主持人或高级通讯记者给邀约对象写一封简短的信。（3）电台品牌营销。比如，向邀约对象介绍电台的听众人数规模，强调收听电台节目的人口统计学信息，即公共广播听众的公民意识，强调节目在世界各地都能听到这一事实等，都有助于邀约成功。（4）当要邀约像高级政治职位候选人这种名人时，可能需要派一位制片人亲自去拜访他，并试图说服他接受采访。（5）查阅相关资料。比如，很多大学、智囊团或其他组织都会出版指南类的小册子来介绍他们的常驻专家，还可以通过在线或印刷版的社团百科全书查找相关信息，这些百科全书里包括美国国内外 100000 多个非营利成员组织的详细信息。采访邀约人通常会把这些资料放在手边，这样他就能迅速找到专家，即使他只是向他们咨询以获取背景信息。采访邀约人收集

的这些指南信息通常反映出不同的政治派别，包括来自美国全国不同地区以及具有不同民族或种族背景的人。

如果邀约对象对一般的新闻媒体或者尤其是公共电台持怀疑态度的话，采访邀约人可能需要做一些公关工作。比如，要给他们一个合理的理由使他们接受采访等。虽然持之以恒是所有采访邀约人的美德，但有时一个节目不能总是无条件地为一位完美的采访对象保留一个空位。美国公共广播实际的情况是：在今天，在下午，在一个小时内，必须约到某个特定的采访对象。这就是美国公共广播电台为什么要有备用采访的原因。虽然有时节目主持人想要和某个特定的人进行访谈，比如总统新传记的作者，一位刚从朝鲜回来的参议员，第一位20岁的世界500强公司的老板等，但是有很多情况是，想要采访的对象并不具备所要求的某种专业知识或经验。在这些情况下，采访邀约人就要撒一张大网，尽量从中捉到一条大鱼，至少是把其余备选中最好的那个拉进来。

也有一些采访邀约属于“战略性邀约”，“战略性邀约”是美国公共广播电台新闻节目长期规划的一部分，目的是锁定那些希望有一天能在广播上听到其声音的人。广播电台会列出战略性邀约的清单。比如，节目组想在下一个星期、下个月或明年采访哪些人？要采访哪些人才能确保这个节目涵盖了许多不同的重要主题？节目组想要谁来反映（主持人的）兴趣和才能？采访邀约人则制定每周、每月和长期的目标列表，并和相关的人讨论这些列表，不断地刷新这些列表信息，并跟踪列表中所列出的各事项的执行情况，以确定是否能邀约成功。

其次，邀约普通采访对象也需要有一套特殊的技巧和策略。普通的邀约对象可能没有听说过邀约人所在的电台，不熟悉相关电台的节目，也不太习惯在大众媒介上发言或者有“麦克风恐惧”，那么采访邀约人与知名人士的中间人打交道时所需要的那种“乐观坚定”精神，就要取而代之以温和友好的态度了。对于普通的邀约对象，采访邀约人要让他们知道他们不必完美地、流利地说话，要缓解他们的紧张情绪。在采访邀约人跟他们的初步交往中，要先了解一下他们保持冷静的能力。因为如果紧张的话，采访录音的效果听起来就不符合广播播放标准，而采访邀约人最不想做的事，就是告诉客人他的采访不能采用。

不管是邀约知名人士，还是邀约普通人，采访邀约人的工作看起来都有点像是侦探工作。寻找和邀约采访对象的工作几乎总是从“找一个能……的人”开始。换句话说，就是找一个见证事件的人，或者在事件当事人还是个孩子的时候就认识他的人，或者能描述这件事的人。这种寻找合适的受访者的工作具有一定的“狩猎”性，就像“大海捞针”一样，撒大网来钓到合适的鱼。为此，采访邀约人要有较强的信息搜索能力，知道要去哪里找到合适的人，知道哪些主题可能有新闻价值。如果采访邀约人走错了方向，那么经验丰富的记者会给他提个预警信号，告诉他哪些人不要去采访，因为他们不受尊重，或者因为这样那样的原因，在广播上播放不太好。

为了找到一个完美的采访对象，采访邀约人在平时总是会备有一本“记事簿”，里面记满了客人的相关信息，比如页面的顶部写上故事的名字和日期，然后在下面写上要邀约的客人的姓名、职务头衔、电话或电子邮件信息、最后一次和这位客人交谈的日期、在打交道过程中发生的事情，还包括这位客人与目标客人的关系（最好的朋友、婆婆、律师、隔壁邻居等）。这些简单的笔记会为邀约人节省很多时间，甚至在几个月或几年后去连续报道同一事件的最新发展情况时，这些笔记也是很有帮助的。

在邀约到了采访对象后，采访邀约人还要对其进行一个预采访。在这个过程中，采访邀约人会同时考察采访对象的说话的声音和方式，考察他（她）是不是一个“善于交谈的人”，是否在采访时的状态是很舒服的，声音听起来是不是不胆怯的，是不是一位健谈的人，是不是言语新奇、说话有趣的人，是否有足够的专业知识。如果要上现场直播采访节目，那么客

人谈话的流畅性是最重要的。也就是说，如果是为直播节目邀约采访对象，那么采访邀约人还要考察采访对象语言表达的连贯性，以确保节目内容听起来有更好的效果。

一旦邀约人完成了预采访，并且对客人的博学和健谈感到满意，那么邀约人会同编辑、制片人和主持人确认一下是否大家都同意采用这位客人。为了防止在广播节目开始后大家出现误解或分歧，邀约人要同编辑、制片人和主持人提前讨论，分享他预采访中所收集到的客人的个人逸事、思想观点和其他信息，并确保大家对访谈重点都达成一致。如果大家都对采访对象和采访重点达成一致，那么就到了最终“预定”采访的时候了。第一步是安排日程，找到一个客人、主持人和播音室都有空的时间。一般都要求客人不能迟到，尤其是在脱口秀之类的节目中，迟到将是大罪过。所以要和客人确认好几点几分到达进行直播的播音室。一旦采访邀约人安排了采访，他就必须确保和每位需要了解这一信息的人沟通交流。根据节目的不同，这些人可能包括主持人、资深制片人、编辑、技术总监和播控室工程师。有的节目会把所有信息记录并打印出来，有的节目是以电子方式来处理这些信息，有的节目两种方式兼而有之，然后口头确认日程安排。

总之，美国公共广播电台的新闻节目之所以有那么多完美的被访谈者，是源于电台重视挖掘和寻找理想的受访者。美国公共广播电台设有专门的人去做这项工作，或者制片人、记者等会同时去做寻找受访者的工作。正是因为有了先前所做的寻找合适的采访对象、进行预采访、确定采访的核心内容等工作，所以西方国家广播电台新闻节目里才有那么多完美的受访者的声音，甚至连西方国家广播电台的听众都不会去质疑广播电台的节目怎么不断地有这么多完美的客人，因为这一切听起来都是那么自然而然，衔接得也无缝无痕。在这个完美呈现的背后，其实已经经过了一道道的把关，包括信息的把关和声音的把关。

美国公共广播电台这种“无缝衔接”的做法，既增强了其广播新闻报道的“真实性”、逸事性、丰富性，也满足了听众“想听听当事人自己心声”的新奇性、好奇性和窥探性心理，从而增添了广播新闻节目的可听性和故事性，达到吸引听众注意力的效果。但是，这些预先邀约和预定的采访，都必须符合美国公共广播电台的新闻价值观和新闻制作原则，并且也只有符合这些价值观和原则的预约采访人及其采访故事才能在广播上播出。从本质上来说，采访邀约就是信息把关链上初始阶段的一个关口，首先必须是符合新闻机构价值观的被采访人及其信息才能通过这个关口。

我国广播新闻节目制作过程中虽然没有专门的采访邀约人，但是我国国际广播新闻所面对的是听惯了其本国新闻节目的国外受众，势必也会对其收听的其他国家的广播新闻节目有同样的接受心理和听觉预期。美国等西方国家精良的广播新闻采访录音对我国广播新闻节目制作提出了更高的要求。因此，我国国际广播新闻媒体人在进行节目制作时，也要充分重视广播新闻采访录音的质量，在新闻采访之前做好充足的功课，以确保在广播节目中发挥声音的作用和价值。如果广播新闻节目中能够通过“采访录音 + 解说 + 现场音响”将新闻现场中的细节表现和传递出来，那么不仅能够更好地解释和说明新闻事实，也可以传递出现场的情景，让听众获得更丰富的信息。

二、采访录音

在我国国际广播新闻节目过程中，也要充分认识到采访录音在广播新闻节目中的重要性。好的采访录音可以使广播新闻节目听起来更丰富、更生动、更真实。就像影视的视觉冲击力能激发观众对内容的注意一样，广播采访录音也可以通过听觉的丰富性和层次性，激发听众在其脑海中描绘出一幅栩栩如生的现场图景。这不仅能够大大提升新闻的现场感和真实感，

还能避免千篇一律的播报音引起的听众的听觉疲惫，更好地激发听众的收听兴趣，从而提高广播新闻的收听效果。所以，成功的广播新闻采访一定要有好的采访录音。

为了获得高质量的采访录音，要考虑让被采访者接受采访。有些情况下，人们不愿意让自己的谈话被录下来，甚至不想让记者暴露他们的名字。有时，他们只愿意在不具名的情况下发表言论。换句话说，他们愿意在新闻报道中为记者提供可以引用或转述的信息。但是，他们不允许记者在报道中提及他们的名字。因此，记者在进行采访前先要和被采访者沟通和确认一下当事人愿意在什么情况下发表自己的观点，并同意记者把对自己的采访录下来。有时，消息来源人愿意隐名做录音采访，那么记者要简要说明不提供被采访人姓名原因。总之，记者要和被采访人就采访条件明确地达成一致，尤其是当采访对象不习惯与媒体打交道的时候，记者一定要和被采访者讲清楚采访录音将会以什么样的形式在广播上播出。

在美国公共广播新闻节目中，记者还可以在新闻报道中使用某些文件材料，这些材料可以由记者自己读，也可以让演员来读。节目制作人会把新闻报道中所涉及的每个人都塑造成为新闻故事中的人物，然后让演员们朗读这些文件时读得精神饱满一点，但没有戏剧性的夸张表现。不过，他会告诉听众他们听到的是演员的声音，而不是真正的当事人的声音。

面对国外听众的广播新闻报道同国内的新闻报道的一个很大的不同是语言的不同，汉语与外语在发音和语法结构方面都有很大的差异。如果在采访中能够找到会英语的采访对象，那么在语言表达和采访技巧上要注意以下几点：

（1）根据希望得到的答案来相应地调整提问

比如，记者与其问美国宇航局的官员："你认为载人航天计划仍然得到了国家的支持吗？"还不如这样问："你如何确定公众对载人航天计划的支持程度？"或者"如果你发现公众对载人航天计划的支持力度降低，你未来的任务会发生什么样的变化吗？”

（2）避免使用选择疑问句

很多记者认为，一个事件当中有两个明显的对立方，并据此来设计问题。但是，这样的问题推定受访者要在这两个选项中选择一项。当记者戴着麦克风这么提问时，受访者可能会选择其中的一个选项。可以换种提问的说法，“你认为应该怎样做才能最大限度地保障安全？”这样，受访者可能会提供记者没有想到的回答。所以提问时可以问一些开放式的问题，比如：“你对此有什么看法？”一般要问得具体一点，这样的话，一个很愿意接受采访的受访者，他的回答也不再会是陈词滥调或模棱两可了。最好的开放式问题之一就是“为什么”？

（3）用类比的方法来解释专业技术知识

记者可能需要让受访者知道记者是在寻找什么答案。“你说地球在它的轴上摆动，请帮我形象地解释一下这句话。”或“如果这个提案是一台机器的话，它会是什么样子？”

（4）提出问题和寻找答案一样重要

如果记者听起来像是在收集事实并记在笔记本上，那么他得到的可能是一些生硬的事实。如果他提问题时表现出很感兴趣的样子，那么他经常也会得到更有趣和充满活力的回答。要表现出情感！说话时表现出全神贯注或惊讶的样子——即使记者已经知道了被采访人所说的事情，或者他们告诉记者的东西并不怎么吸引人。有些记者不愿意在采访时倾注热情，他们认为这种刻意而为的热情很假，但大多数美国公共广播电台的记者认为，在电台工作，这像家常便饭一样习以为常了。这意味着记者需要像受访者那样说话，像受访者那样坐着，使自己的肢体语言跟受访者的肢体语言是一样的，这种方法也能让受访者表现得好像他们没有被录音时那样自由、热情地讲出自己的观点。

此外，广播新闻记者还会在一些细节方面非常注意，比如在采访时务

必戴上麦克风或其他录音设备，这样可以及时对采访过程进行录音；多引用受访者对事件的评论，通过受访者的嘴巴来呈现事实；尝试在受访者办公室以外的地方进行采访，那样的话受访者说话可能不会那么不耐烦。

三、让采访听起来更真实有力

受众对信息的需求中，求真、求善、求知、求新是受众最基本的四大需求。因此，如何让新闻采访听起来更真实有力，是广播电台在具体的新闻实践中应该非常关注的问题。西方国家广播新闻中的声音要素一般包含有三种类型：一是主持人的新闻播报声音；二是记者在新闻现场对被采访者进行的采访录音；三是新闻现场的环境音。为了让新闻听起来更真实，西方国家广播新闻节目在时间允许的情况下都会尽量包含现场采访时记者与受访者的问答对话以及现场的环境音，比如小孩的嬉笑声、非洲森林里大象的叫声、浪花声、枪炮声等，这些现场的声音会让受众听起来觉得这个采访很真实。西方发达国家广播新闻节目制作的理念多是趋向于实用派观点的，他们重视受众的兴趣和感受，在新闻价值观上强调对受众需求的满足。我国国际广播新闻节目的受众也是国外听众，因此，在广播新闻节目中，除了要让声音要素多样化、让新闻采访听起来更真实之外，还要尽量让新闻报道里的采访声音具有更好的收听效果，既能让听众更容易收听和理解，又要让听众“喜闻悦听”。

尽管人们在平时的日常生活中可能乐于与他人交谈，但是当他们面对录音采访时，可能还是会有点紧张，或者被麦克风吓到。所以，恰当的做法是，当记者安排一个录音采访时，要事先让受访者知道记者会带着麦克风和录音设备去，这样他们就不会感到惊讶。如果受访者看起来对采访设备过度敏感，记者可能要考虑把猎枪式麦克风换成一个较小的麦克风。一旦记者开始录音，就把麦克风保持在说话者嘴巴的下方或旁边，这样受访

者可以很容易地和记者保持眼神交流。

为了让受访者更加放松，记者不要一开始就直接采访，可以先闲聊一会儿，比如让受访者聊一聊他们自己的事情，他们是如何进入他们这个行业的，他们现在做什么工作等，以缓解他们的紧张心理。如果受访者倾向于使用行话或技术语言，或者喜好讲一些普通听众听不懂的深奥的东西，那么记者可能有必要暗示受访者，希望受访者能够避免说那些技术性强或晦涩难懂的话，并通过提问让受访者用简单的言语形象地来解释那些晦涩难懂的专业知识。在通常情况下，如果记者和受访者在采访过程中都是满口术语（或行话），那么这个录音采访的收听效果会非常糟糕，因为听众都听不懂。

在西方国家，为了表明记者与受访者地位的平等，记者在采访地位、头衔较高的受访者时会明确避免使用受访者的正式头衔。他们一般不会把被访者称为“威尔逊参议员”或“麦克法登国务卿”，而是称之为“威尔逊女士”或“麦克法登先生”，因为他们不想给人留下记者屈尊于被访者这样的印象。新闻记者的工作职责，是让他们回答问题，并与公众一起分享这些信息。这种在采访活动中称谓的不同用法也是我国国际广播新闻节目记者在新闻采访中需要注意的一个问题。

与印刷媒体相比，广播的优势之一在于传播速度快、时效性强，它能给人们带来更快的新近发生的新闻消息。有时从新闻事件的发生到采访、写稿、编辑、配音和播出，其间经历的时间不会超过 24 个小时，而且时间往往更短。要在很短的时间里制作好一条可以在广播上播放的新闻，这不仅需要记者有丰富的工作经验，而且要求整个新闻节目制作团队的精诚合作与高效的工作效率。如果我们的记者只有四五个小时的时间来赶一篇新闻报道，那么以下国外广播电台记者的一些方法也可以作为参考。

（1）只要有可能，先预测事件

多数新闻在爆发之前其实已经在慢慢蓄势待发，记者如果能够事先有

一些相关信息的积累，那么这些相关信息的积累对记者在短时间内快速反应是有帮助的。一旦事件发生，而且记者只有很短的时间去做某个报道时，他必须知道他要去找哪些人、要去跟什么人做访谈。有时记者需要事先查阅大量的相关研究报告，还需要找到熟悉其细节和结论的人，所以记者得事先和很多先行来源人建立联系。这样的话，当一有新闻爆发时，记者才知道去哪里找掌握该事件第一手信息的人，这个人可以帮助记者了解事实、接受采访等。

（2）知道去哪里能找到可以提供信息的人，尤其是在有争议的问题上

美国公共广播电台的记者拉里·艾布拉姆森报道过很多隐私问题、反恐怖主义法律、公民自由问题以及其他问题。他说，他一般都了解不同的群体和个人在各种问题上的立场，所以他知道他们会说什么，而且他可以第一时间找到他们。

（3）先做背景调查

记者在准备其他采访事宜的同时，还可以边做一些他能做的任何其他调查工作，比如：查找和阅读相关文件，做背景调查，查询之前相关的新闻报道等。总之，手上的材料一定要多，信息量要丰富，并开始思考要从每个受访者那儿得到什么样的信息。

（4）采访要简短，重点要突出

按照美国公共广播电台记者的做法，如果截稿时间迫在眉睫，记者要尽量把每个采访控制在10分钟之内，如果截稿时间晚一点，那么每个采访大约半个小时或更长一点。有些记者在谈话时会做笔记，提醒自己采访的哪一部分得到了最好的答案，即最简洁、最贴切、最令人惊讶或深思熟虑的答案。所以在时间很紧迫就要交稿的情况下，记者往往是蜻蜓点水式快速地浓缩一下报道重点。

（5）报道各方不同的意见

美国约翰·赫尔顿在其《信使之动机——新闻工具的道德问题》一书

中强调："新闻工作者必须公平待人，必须给予争论各方以报刊篇幅或广播时间去阐述自己的观点。"有人更进一步提出，应对争论各方的意见用同等篇幅或广播时间发表。西方新闻界为了使新闻做到"客观"而提出这一主张，但是却未能在实践中践行。他们通常会在新闻的前面部分以大量的篇幅来报道自己赞成的一方的意见，而只在新闻的后面部分用一两句话报道他不赞同的一方的意见。有的西方报纸、电台、电视台把自己赞同的一方的新闻放在显著位置大篇幅刊登或放在黄金时间大量播放，而把自己不赞同的一方的相反意见用内页不显著位置简单报道或放在午夜等受众很少的时刻简单报道。尤其是在迫在眉睫的截稿压力下，记者会直接打电话给某个人，因为他知道那个人的看法和他之前采访过的其他人的观点是相反的。这样，他们就可以自诩自己报道了各方面不同的意见，而实际上却不想让受众知道相反的意见。上述各种使新闻具有客观形式的办法，是西方新闻工作者多年摸索总结出来的，是为西方资产阶级利益服务的。但这些办法也可以为我所用。"我们是代表广大人民群众利益的。我们不讳言我们的新闻报道是有立场的。我们的新闻报道对人民群众来说，是客观、公正的。但为了使我们的新闻和我们宣传的主张更易为国内外广大受众所接受，我们也应当注意运用这些办法"①。

（6）选择现场采访录音片段，并将它们按逻辑顺序排列好

要让我国国际广播新闻节目符合国外听众的收听习惯，那么我们的广播新闻音频中也要有较为丰富的声音元素，其中的采访录音可以说是必不可少的。一般来说，美国公共广播新闻节目一个三分钟的报道中最多插入五个录音片段，一个四分钟的报道中最多插入六七个录音片段，而且记者往往会多准备几个现场采访录音，以防有的采访录音出现问题而无法用上。这些多准备的现场采访录音（包括现场环境音）哪怕在这一次用不上，它

① 文有仁．西方新闻报道中客观形式的运用［J］．中国记者，1997（9）：41–42.

还有可能用在下一次的其他报道中。一个新闻事件报道中可以用多个声音来讲述这个故事，不同受访者的声音和观点会提升采访录音内容的丰富性和饱满度。而且，记者要确保编辑确切地知道他打算使用的是哪一段采访录音，并将所有要用的采访录音片段按逻辑顺序排列好，以避免在音频新闻制作过程中浪费时间去找这些音频。

（7）故事结构尽可能简单明了

如果记者有更多的时间来处理新闻报道的结构，他可以考虑使用闪回，或者巧妙的场景变化，或者好的制作设备。但是，在截稿时间的强大压力下，记者追求的是故事结构尽可能简单明了。要做到这一点，需要记者安排好时间。如果任务是在上午 11 点分配下来的，而新闻报道计划要在下午 4 点 40 分播出，那么记者将有不到 6 个小时的时间来完成这件事。所以他就要倒计时地来开始工作了。公共广播记者拉里·艾布拉姆森说，对于一个每天下午 5 点左右播出的节目，他的心理时间表是这样的："通常我在下午 1∶30 或 2 点之前完成我的采访。我知道我需要花一个小时来打个草稿。所以，我要花 20 分钟来剪辑磁带。我通常是以双倍的速度快放磁带听一遍访谈，这大约需要花 10 分钟。然后，我尽量留一个小时甚至两个小时的时间来写作，最后用 20 分钟时间来修改。"[①] 别忘了留足够的时间给编辑及其他广播新闻制作成员。另外，制作团队还需要有时间把不同的声音元素融合起来，同时预留一定的缓冲时间来处理例如音频文件丢失、损坏或删除等可能出现的问题。尤其是在录音时不要仓促。

当然，平淡无奇的文章、沉闷乏味的采访录音、枯燥无趣的结构，或者毫无生气的语言表达，都会破坏出色的报道，尤其是当这篇报道没有足够的影响力来吸引人们关注的时候。广播电台为了让采访听起来更真实有

---

① Kern, John.Sound Reporting: the Guide to Audio Journalism and Production [M]. Chicago: University of Chicago Press, 2008, pp126.

力，除了在新闻现场采集到恰当的声音外，还会尽量构建一种类似现场的效果，以便尽量让这个故事听起来生动有趣、易于理解。西方国家的广播新闻报道中，为了体现这种“真实性”、生动性，常常会“上演”精彩的采访。比如，在美国公共广播电台有一条关于中国的报道，记者在采访录音时会雇用一些中国工厂的员工、越野自行车骑手、外来务工人员等其他许多人来“表演”某次采访。[①]而且，节目中“被采访”的中国人的观点也不具有代表性，不能代表大多数中国人的看法。因此，在这个报道中，报道内容与事实情况不符，观点明显具有偏颇性，未能展示当时中国或中国人的真实情况。

美国公共广播电台只注重这些不会说英语的中国人的录音，因为这个“采访表演”能够让美国听众听到中国人说汉语的声音，由此来营造出一种在场感和真实感，至于它反映的是不是真实中国的声音或真实中国的样子，反而没有去关注和验证。这也许就是过分强调噱头，反而忽略了新闻内容的真实性，从而导致了错误。因此，记者在采访过程中的自我演戏，应该以不影响故事的真实性为原则，在不影响新闻的真实性的基础上，适当地运用技巧才是符合新闻伦理的。不能本末倒置，用噱头颠覆事实，这样就违背了新闻的真实性与客观性原则。

从美国公共广播电台的记者工作流程中可以看出，有时为了达到令听众有身临其境的现场感，公共广播在新闻节目制作过程中会请来不同的演员来扮演不同的角色，通过现场录音制作成新闻节目，以期生动、“真实”地复原现场场景，从听觉上满足听众对新闻真实性的心理追求。这些富有创造力的方法很容易被人嘲笑为是噱头，是对真实故事的干扰，但又承认，这些“表演方法”都是非常有效的，因为这些新闻节目制作总是为新闻报

① Kern, John.Sound Reporting: the Guide to Audio Journalism and Production [M]. Chicago: University of Chicago Press, 2008, pp69-70.

道服务的。

在被采访人的选择上，为了彰显对事件双方当事人话语权的尊重，或者为了新闻的平衡性要求，美国公共广播电台记者会尽量从多个不同的角度、声音和观点来展开采访。这些声音和观点中，可能有一方的观点代表的是主流意见或者是多数人的看法，而与其相对立的另外一方的观点代表的是少数人的意见和看法。如果在广播节目中，赋予双方同样多的时间，听众可能不知道哪一个是多数人的观点，哪一个是少数人的观点。因此，美国公共广播电台会倾向于赋予代表本台意见的一方更多的时间，而赋予其对立意见一方更少的时间。

我国的社会主义新闻事业肩负着宣传、教育、引导全党和全国各族人民投身社会主义现代化建设这样一项光荣而艰巨的使命。在我国，曾经一度对于负面新闻的报道要求非常严格，而随着社会的发展与进步，人民群众愈加认识到正面报道存在的负面作用和适当的负面报道的正面作用，所以对于负面报道的呼声也越来越高。其意义在于可以通过负面报道发现问题、解决问题，推进我国的社会主义民主化进程和现代化进程。

在新闻报道的客观性与倾向性方面，西方认为客观性是超阶级、超党派的，是“纯客观”的，只需要陈述事实而不需要表达意见。所以，他们认为新闻的客观性不可能有倾向性（即主观性），而且两者不可能相容。而我国的新闻媒体则统一认为，新闻是具有客观性的，新闻也具有倾向性，这两者并不矛盾，因为倾向性是记者通过报道新闻事实所表露出来的思想趋向，而不是随意做出的主观的解释和评论。举个例子，在新闻人物的报道上，中西方就存在着这方面明显的差异。中国的新闻报道侧重于抽象思维，注重概括性内容，忽视细节性的内容，因此形象性较差，往往带有主观的感情色彩。因而报道强调鲜明的人物性格特点，一般会选取其中一个能反映报道主题的个性品质重点加以渲染，并在众多材料中截取某些最精彩、最有价值的新闻事件，优点是容易抓人眼球，产生阅读兴趣，但有时

也会出现夸大宣传、以偏概全的后果。而西方媒体则注重形象思维，反映客观事物的直接影像，传递出丰富的信息，引导人们对新闻人物的逐步认识。因此，在西方人物报道中，新闻人物的性格特征具有多面性，人物形象更丰富、更立体。通过形象描写，使新闻人物性格的塑造和刻画表现出客观和理性。①

新闻报道的客观性和倾向性反映到新闻实践中则分为正面报道、负面报道和中性报道三个方面。中性报道在中西方新闻报道中所占的比例比较均衡，这一点不用赘述。相对来说，西方媒体在新闻实践中更多地倾向于负面报道，正面报道则属凤毛麟角。比如，新闻事业发达的英国，拥有在世界上影响力甚大的报刊、广播电台以及通讯社，其中报刊大约有 200 种，而这些均由私人经营，它们的背后是各大财团、党派。在竞争白热化的状况下，他们认为，单纯做正面报道，在新闻同源的情况下，根本不可能获取更多的关注，只有从负面报道上下手，以奇、险、怪来吸引受众的眼光，才能保证自己报刊的被关注度，所以才有了我们熟悉的一句话："狗咬人不是新闻，人咬狗才是新闻。"

我国的媒体自新中国成立以来一直以正面报道为主，鲜少出现负面报道。随着改革开放的开展，我们也认识到了正面报道的局限性和负面报道的积极作用，加强了舆论监督的力度，也产生了很多批评性报道或负面报道，但总的来说，正面报道在新闻实践中仍占有不可动摇的地位。另外，实践也证明，正面报道不仅能展现社会发展的主流，激发正能量，而且能鼓舞人民大众将更多的热情和精力投入国家建设中去，为实现强大的社会主义国家而不懈努力。所以，我们不能武断地认为，一个国家的新闻报道到底是该正面报道还是应该负面报道，而应看到两种报道的优势劣势，去粗取精，扬长避短，发挥好新闻报道的积极作用。虽然西方的负面报道更

① 姚里军. 中西新闻写作比较［M］. 北京：中国广播电视出版社，2002：25-28.

能体现人性中的需求，更容易受到人们的欢迎，但是现在西方的读者已经意识到负面报道过多会对社会秩序造成一定的影响，过分强调冲突和反常会导致社会的不稳定。如今，许多西方主流媒体对新闻采取了越来越谨慎的态度，力求共同维护舆论环境的有序健康发展，在表现形式上，正面报道的数量也有了一定的提升。①

第三节　广播新闻写作

我国国际广播新闻节目面对的是国外听众，因此在撰写广播新闻稿件时，不能照搬中文新闻稿件的写法，不管是使用何种对象语言来撰写新闻稿件，都要考虑到对象国听众的收听习惯。以英、美等西方国家为例，在广播新闻节目制作过程中，还要考虑英语语言的表达问题，这对于我们的广播新闻节目制作来说也是一大挑战。因此，在撰写英语广播新闻稿件时，有必要了解以英语为母语的西方国家在制作广播新闻节目时是如何撰写广播新闻稿件的。

以美国公共广播电台为例，他们一直强调，记者、编辑、主持人等工作人员的写作能力对新闻内容的传播效果有重要影响。有好的故事点子，还要能写出好的故事，提高广播写作质量对提升广播新闻的叙事力具有重要的作用。这一点也值得我国广播电台在制作广播新闻节目时加以借鉴。

广播新闻的写作与一般书面写作的区别在于，广播写作的内容是要读出来的，属于口语体写作。要想知道书面语言与口语语言的区别，拿一份

① 张萍 . 浅论中西方广播电视新闻报道的差异［J］. 今传媒，2013（2）：123-124.

报纸上的文章来朗读，就能感觉到这种差异，因为报纸上的书面语言朗读出来不太符合日常交谈中的言语习惯，听起来会很糟糕。

下面是随机选取的一篇《华盛顿特区邮报》头版刊登的文章的开头部分。这个故事的标题是“Bush Takes Responsibility For Failures of Response”：

> President Bush yesterday said he takes responsibility for the federal government's stumbling response to Hurricane Katrina as his White House worked on several fronts to move beyond the improvisation of the first days of the crisis and set a long-term course on a problem that aides now believe will shadow the balance of Bush's second term.
>
> “Katrina exposed serious problems in our response capability at all levels of government,” Bush said at a White House news conference with Iraqi President Jalal Talabani.

上面第一段话的第一句在公共广播新闻节目中是永远不会这么说的，尽管这种句子在报纸上的效果很不错。一位经验丰富的电台新闻播音员，可能需要在“Hurricane Katrina”（飓风卡特里娜）和“First days of the crisis”（危机发生的前几天）之后停顿一下，吸口气才能再继续往下说，因为句子太长，里面塞满了信息，从句子一开头就消息量满满，尽管句子语法正确，甚至还相当具有可读性，但是，问题不在于句子写得好不好，而在于它不是为耳朵而写的。播音员在说长句子的时候，虽然可以通过中间停顿几次来完成，但是，信息量过多的长句子不符合听众的收听习惯。当人们在倾听的时候，信息的传播速度比大多数人吸收信息的速度都要快。在这个 56 个单词的句子中，记者告诉人们，联邦政府对飓风的反应“步履蹒跚”；总统昨天表示对白宫的迟钝反应负责；白宫在危机发生的前几天做

出临时应对反应；他们正在几个灾区前线工作，以便做得更好——制定了一项长期的方针（可能是飓风后的救济工作安排），以及总统的助理们认为这些问题（可能指救灾工作安排，但也有可能指迟钝的危机反应）将会影响布什第二任期。

报纸新闻的读者如果对句子或事件报道中的其他地方感到迷惑，可以返回去再读一遍，甚至跳过几段来寻找更多细节，但是如果广播新闻的听众刚开始没有听到某个事实，那么这个信息就丢失了。因此，公共广播的记者在撰写同样的报道时，他会把这些信息分成如下几个小块：

President Bush says the buck stops with him, and he takes responsibility for whatever mistakes the federal government made in its response to Hurricane Katrina.N-P-R's David Greene has more from the White House.

Greene: After days of insisting this is no time for a "blame game", the President shifted this tone a bit.Standing alongside Iraqi President Jalal Talabani at the White House, Mr.Bush took a question on Hurricane Katrina, and answered by saying he takes responsibility for the federal government's actions. He said he wants to know how to better cooperate with state and local government in the future.He did qualify his remarks, by saying he takes responsibility only to the extent that his administration did anything wrong. He's been saying for some time that the question of which level of government is at fault for the slow response to the hurricane will come later.The White House announced the President will be in Louisiana Thursday to deliver a prime-time address on the aftermath of Katrina.

David Greene，N-P-R news，the White House.[①]

上面这篇报道，文字看起来可能会显得很简单，几乎像小学生写的东西。许多句子都很短，结构也很简单。它们几乎是互相重叠的。前一句是，“总统稍微改变一下他的语气”，接下来的两句话告诉听众更多总统说话的内容，后面的句子是对总统声明的改写等。有几个句子都以同一个代词开始，比如“He said”“He did qualify”“He's been saying”。但是，正是因为句子简单，大声读出这段话时，就会发现句子与句子之间可以进行一种精神上的呼吸。即使听众没有听到导语（毕竟广播上没有标题，导语是节目的第一条线索，它预告接下来要讲什么），那么在接下来的新闻报道主体中，信息被重复和放大了，听众从这些信息中也可以了解到一些事实。

一、口语体写作

美国公共广播电台非常重视广播新闻写作，尤其强调要按照说话的方式来进行广播新闻写作。这也是美国公共广播电台受众理念的一种体现。美国公共广播电台重视听众的收听体验，要求广播新闻写作的词汇、句法简单明了、平白易懂，要接近人们日常口语交谈的语气，写出来的稿件不要读起来像念剧本台词一样。

为此，美国国家公共广播电台在给新进员工进行培训或举办相关工作坊的过程中，都会强调广播新闻写作的原则与技巧。尤其强调在广播里说话，要像只对着一个人讲话那样亲近自然。这种理念就要求在进行广播新

① 这是一个新闻“现场报道”的例子——是一篇为五分钟的新闻报道写的短讯，而不是为两个小时的新闻杂志节目写的那种更长一点的“新闻报道”。

闻写作时，要遵循听众吸收和消化信息的速度和形式来安排语句，力求听众在收听的第一时间里就能理解广播的内容，因为对大多数听众来说，没有第二次机会再倒回去听同样的内容。

听广播具有伴随性特征，人们一般都是边听广播边干其他事情，远不如坐在音乐厅里听音乐那样专注与投入。因此，公共广播电台要求记者、编辑、主持人要像平时同他们自己的朋友或家人聊天一样跟收音机那端的某一位典型的听众在交谈。长期主持公共广播电台 *All Things Considered* 节目的主持人罗伯特·西格尔说："当我们在广播中讲话时，我们觉得听众就近在咫尺，我们渴望他听到我们的声音，我们渴望在他听起来，我们就像是为他描述世界模样的人。我们尊重他的才智，我们热爱他，我们帮助他解释一些事情。"

美国公共广播电台强调，要让听众觉得广播里的声音确实是在交谈，而不是在阅读。人们听广播时所用的耳朵，和他们听其配偶、孩子、同事和朋友讲话所用的耳朵是一样的。因此，电台播音员或主持人应该像听众就坐在他们对面的桌子边或餐桌边那样来和听众说话。

美国公共广播电台认为，口头讲故事需要一种"逆向思维"。进行广播（或电视，或播客）写作时，首先需要考虑说话时的声音，然后才用口语化的词汇、节奏、句法和语法来撰写故事。公共广播电台 *All Things Considered* 节目主持人罗伯特·西格尔说："稿件应该像戏剧剧本和戏剧化的剧本那样，当我们去剧院的时候，我们知道剧本就在那里——我们知道剧本已经写好了，台上的人正在读着它——但是，当台词开始后，如果我们真的感觉到他们是在背剧本时，这家剧院很快就要关门了。对我们来说也是一样的。当我们听起来像是在同一个听众说话时，那么这是有效果的。当听众觉得我们只是在背剧本时，那么这种播音是没有效果的。"

在现实生活中，人们说话会磕磕巴巴、吞吞吐吐，然后忘了他们说了什么，然后又重复自己说过的话。所以剧作家笔下的对话是模拟口语的风格，没有日常口语的缺陷。这是被洗过和熨过的话。广播新闻写作也是一样。目的就是，主持人或播音员在喝了适量的咖啡并有充足的睡眠的情况下（即在精力充沛的情况下），按照他所希望的说话方式来写作，或者按照他状态最好的一天的说话方式来写作。出色的主持人和记者是用他们的声音来写作的——使用他们常用的词语、句子结构和措辞。他们以这种方式写作，这样他们才能真正地“表现自己”的真实可信。

那么，主持人和记者怎样才知道自己是怎么说话的呢？美国公共广播电台建议大家尝试的一个方法就是，让他在和朋友交谈时把他自己说的话录下来，然后誊写出他说的话。这样，他就能看到自己是怎么说话的了。或者看看公共广播采访的所有书面稿件，尤其是主持人与普通人士的访谈，而不是与政治家、专家或其他专业演讲者的访谈记录。以下是从公共广播电台的 *All Things Considered* 节目主持人米歇尔·诺里斯对贝林达·布鲁斯所做的一份采访报道中摘录的片段。布鲁斯是一位来自新奥尔良的逃离了卡特里娜飓风的女性。她突然无家可归，住在巴顿鲁日的一个收容所里：

Bruce：I really can't explain it，except just say maybe it was for the best.

Norris：For the best.

Bruce：Yes，because I'm more happier when I can stay homeless.

Norris：Help me understand that.You're sitting at a shelter. Your house is most likely underwater.And you're happier here than you were back home.

Bruce：Because there was so much going on in my neighborhood. Even thought I was comfortable in my house–in my house– blocks

up where the kids went to school, it was horrible.They always had shootouts.They just didn't respect the kids.And maybe they'll get into a better school, a better neighborhood.

从以上这种交流可以看出，现实生活中的人们是不会像报纸记者那样说话的。他们不会把他们要说的东西都塞到一个冗长的、信息密集的句子里。像贝林达·布鲁斯一样，大多数人说话时，使用的形容词相对较少，他们多半不会用一个完整的句子，比如："Because there was so much going on in my neighborhood." 他们会用简短、重复的句子来增加他们所说的话的力量，比如："They always had shootouts. They just didn't respect the kids." 他们在句子的开头用"和"(and)或"但是"(but)，比如："And maybe they'll get into a better school." 他们并不是有意识地这么去做，这只是人们习惯的说话方式而已。所以，主持人对这种说话方式一点也没感到奇怪，主持人诺里斯也用同样的方式说话，比如："Help me understand that.You're sitting at a shelter.Your house is most likely underwater.And you're happier here than you were back home."

美国公共广播电台强调，如果主持人理解人们平时是怎么说话的，那么他就可以学习写一些听起来像自己正常说话那样的稿件。只要有足够的练习，那么广播写作的内容读起来就能像日常说话那样。

二、真实自然的谈话体

在撰写广播新闻稿件时，除了要采用口语体写法之外，还要使广播写作的内容听起来像是真实自然的日常谈话，广播写作通常要摆脱在一些创造性写作课程或研究生写作课程中学到的许多方法，或者摆脱在报纸或通讯社工作时学到的写作方法。美国公共广播电台提出的以下一些广播写作方法也值得我们参考。

（1）首先也是最重要的一点，落笔之前先说出来，或者至少在写完之后大声读出来

写作的时候，问问自己：当我不写新闻报道的时候，我会在我的日常生活中这么说话吗？如果答案是否定的，那么就改掉它。

要仔细思考故事如何开头，广播写作的语法和句法与新闻通讯社的报道是一样的："A Supreme Court increasingly concerned about how individual states' authority fares when pitted against the federal government's power is studying a property rights dispute from Connecticut that could yield a key states-right ruling."（最高法院越来越关注各州与联邦政府的权力对抗，它正在处理一项康涅狄格州的产权纠纷，有可能会产生一项关键的有关州权利的裁决。）这句话有很多不对的地方，从最前面开始，想一想我们在日常生活中是否真的会这么说："The Supreme Court has agreed to consider a case that could eventually redefine states' right.The case has to do with hotel owners in Connecticut，who claim..."

但是，用简明扼要的陈述句来表达想法，并不是要减少任何信息，只是定量分配而已，不要因为复杂长句少了而牺牲了任何信息量。

（2）平时不说的词，在广播里也别用

报纸新闻写作中，常常会创造出许多新词汇，比如，为了节省几个字母，他们会把"失业率的增加"（increase in the unemployment rate）变成了"失业率的上升"（rise in the jobless rate），虽然新闻行业之外没有人会说"jobless"这个词了。广播节目主持人也不会像天气预报员经常说的那样，把雪（snow）称为"白色的东西"（the white stuff）。

形容词和名词也是如此。一个好的作者会避免使用那种仅在新闻报道中才出现的连字符形容词，比如"叛逆的"（rebel-held）、"矿产丰富的"（mineral-rich）、"厌倦风暴的"（storm-weary）和"科技含量高的"（tech-

heavy）[比如，“科技含量高的纳斯达克”（tech-heavy NASDAQ）]。*Morning Edition* 的主持人蕾妮·蒙塔（Renee Montagne）说：“这样的形容词很难处理，比如‘犯罪猖獗的社区’（crime-ridden neighborhood）——这听起来不是很自然。”当一个作者竭力去寻找同义词，将连字符形容词和连字符名词结合起来时，情况就更糟糕了。一位记者在采访中第二次提到摩托罗拉公司时，把它称为“芝加哥郊区的高科技小装备制造商”（the suburban Chicago-based high-tech gadget-maker）——这个词在现实生活中永远不会出现。（比如，“Great news，Dad！ I just got a job with a suburban Chicago-based high-tech gadget-maker！）

（3）不要使用不自然的句法

新闻报道经常以“President Bush today told members of Congress”（布什总统今天告诉国会议员）或“Heads of state tomorrow meet in Geneva”（明天将在日内瓦举行国家元首会议）之类的短语开头，但从来不说“I today went shopping”（我今天去购物）或者“My wife tomorrow plans to throw me a party”（我妻子明天打算给我办个派对）。也永远不会这样说：“I'm planning on painting my garage increasingly showing signs of wear and tear.”（我正计划粉刷一下我的车库，它越来越多地呈现出磨损的迹象。）

不管什么时候，广播新闻写作是要在广播上说出来的，所以要想一想日常生活中人们会怎么来说一个类似的句子，那么写作的时候就要多用口语化的语序。这通常意味着，用两个更短的句子来代替一个长句子。

（4）使用现在分词，即“现在进行”时态，来描述目前正在发生的事情

许多记者会以一种颇有文学性的方式描绘场景：“It's the beginning of a new shift at the observatory.A clock strikes midnight.Two astronomers sip coffee as they begin their shits.Behind them，a technician looks at photographs from the previous night's observations.”（这是天文台新一轮转变的开始。钟声敲响午夜。两位天文学家在一边开始换班一边喝着咖啡。在他们身后，一名

技术员在看前一天晚上观察到的照片。）通常情况下，记者会有意识地尽量避免用“to be”动词，而是使用更丰富多彩的实义动词［“敲”（strikes）、“喝”（sips）、“看”（looks）］，或者试图达到戏剧性的效果。这种写作文体可能对印刷媒体来说很有效果，但这并不是人们真正的说话方式。当人们描述正在发生的事件时，总是会用“be”作为助动词。想象一下，如果一位天文台的记者，通过手机进行报道，有人问他现场是什么样子的，他可能会说时钟“is striking midnight”（正敲响午夜），天文学家们“are sipping”（正在喝）咖啡，技术人员“is looking”（正在看）图片。

总之，广播写作时，要用现在时来描述现场场景，语气就像是在电话里头对着一个想象中的人讲话那样——用“现在进行时”。

（5）不要像报纸那样诠释现实

报纸记者通常把消息来源放在引文的后面，就像下面这个虚构的例子：

> “The advantage of being part of an international trading community is that your increased exports can make up for ja weaker currency.” said Charles Gold.who was a domestic policy advisor to President Bush and now lives in Chicago.
>
> “成为国际贸易组织一员的好处是，增加的出口可以弥补货币贬值的影响。”查里斯·戈尔德说。查里斯·戈尔德是美国总统的国内政策顾问，现居住在芝加哥。

大声朗读上面这段话就会发现，这种句子结构在广播里说出来是很不合适的。在正常的交谈中，当人们提及别人说的话时，他们会把消息出处放在前面，比如，“My boss says I have to get this piece done by midnight”（我的老板说，我必须在午夜之前完成这篇文章），而不是“I have to get this piece done by midnight，says my boss.”（我必须在午夜之前完成这篇文章，

我的老板说。)

同样，报纸经常以一种在言语上听起来很奇怪的方式，即倒置句子结构，把一系列介词短语拼凑在一起：

> "I'm confident we can get the job done." Smith said last week at a cerrmony marking the transfer of the fiber optics initiative and the new technology project from the Commerce Department to his control.
>
> "我有信心他们能完成这项工作。"史密斯上周在一次盛大的仪式上说。这标志着光纤倡议和新技术项目从商务部转移到他的控制之下。

但是，在广播稿件中千万别这么写。

(6)句子结构简单化

记住，在广播里，时间永远都是单向度地流逝。听众不能返回去寻找最初的声音轨迹，无法重新去弄清楚前面谈论的是谁或谈论了什么。大声地读出这句话："Growing up in southern Massachusetts during the First World War, when prejudice against Germans or people of German extraction was still widespread in the United States, Helmut Kleinfelder had a difficult life."(当时美国对德国人或有德国血统的人的偏见仍然很普遍，"一战"期间在马萨诸塞州南部长大的赫尔穆特·克莱因费尔德过着艰难的生活。)直到读完句子的四分之三，听众还是不知道到底是在说谁。因此，广播写作时，句子结构一定要简单，一个句子表达一个意思，并尽可能将主语放在句子的开头。遇到上面这种情况，最好是这样说，"Helmut Kleinfelder had a difficult life. He grew up in southern Massachusetts during the First World War.At the time, many people in this country let their feelings about the war color their attitude toward German- Americans."(赫尔穆特·克莱因费尔德过着艰难的

生活。第一次世界大战期间，他在马萨诸塞州南部长大。当时，这个国家的许多人对战争的感情影响了他们对德裔美国人的态度。）

三、其他新闻写作技巧

为了更好地符合英美等西方国家听众的接受习惯，除了以上写作技巧之外，我国国际广播英语新闻写作还需要注意以下一些原则。

（1）避免概括过度和陈词滥调

在广播新闻中尽量不要用“许多人认为”（Many people think）、“大家都普遍认为”（It's widely accepted）、“你可能还不知道事实的真相”（You may not be aware of the fact）开头的导语和报道，因为这样的表达都反映出作者的假设，它们往往是不可接受的或不真实的。广播新闻节目的记者或主持人也要避免“Mexicans are a very happy people”（墨西哥这个民族是一个非常快乐的民族）这种概括性的判断，以及“Most Americans have never heard of folksinger Tom Paxton”（大多数美国人从未听说过民间歌手汤姆·帕克斯顿）这种过分自信的断言。

（2）避免无意义的称谓

谨防过度使用“officials”（官员）、“analysts”（分析人士）、“critics”（批评家）和“experts”（专家）等字样。美国公共广播的主持人罗伯特·西格尔说：“我一辈子都在试图把 *All Things Considered* 节目中的‘官员’一词改掉。”① 撰稿人经常可以用“executives”（行政人员）、“politicians”（政治家）、“military officers”（军官）、“labor leaders”（劳工领袖）等来代替“官员”一词。西格尔还建议使用“好的旧式转喻，也能把一些地名或机构名称作

---

① Kern, John.Sound Reporting: the Guide to Audio Journalism and Production［M］. Chicago: University of Chicago Press, 2008: 33.

为指称代词来使用”。[①] 而且，这也符合文字稿件口语化的要求。在地道的英语表达中，人们确实会说，“福特（Ford）说，它即将推出一款新的混合动力汽车”，但人们不会说：“福特的官员说，他们将推出一款新的混合动力汽车。”

（3）少用职务头衔

在英语国家的晚宴上，人们一般不会这样来跟你打招呼，并向你介绍说：“Have you met United States Under Secretary of State for Arms Control and International Security John D.Holum？”（你见过负责军备控制和国际安全事务的美国副国务卿约翰·D. 何林吗？）所以，在广播新闻里也不要用这种方式把他介绍给广播听众。不过，广播主持人或记者可以这么说：“John Holum is a U-S diplomat [or Uner Secretary of State，if you have to use his title] specializing in arms control.”（约翰·何林是一位美国外交官［或副国务卿，如果他想提及他的职务头衔的话］，他对军备控制很在行。）[②]

（4）句子简短

无论是为自己写作还是为别人写作，相同的句子不要重复出现。美国公共广播电台主持人里昂·翰森说：“句子不要超过一到两行。”[③] 如果想在一句话里塞太多信息，往往会导致句子中充斥着分隔主语和动词的分句。美国公共广播电台主持人斯科特·西蒙说：“当我不得不去读别人写的铅字时，我最大的抱怨是从句太多了。”[④] 比如在下面这句话里，“President

---

① Kern, John.Sound Reporting：the Guide to Audio Journalism and Production [M] . Chicago：University of Chicago Press，2008：33.

② Kern, John.Sound Reporting：the Guide to Audio Journalism and Production [M] . Chicago：University of Chicago Press，2008：33.

③ Kern, John.Sound Reporting：the Guide to Audio Journalism and Production [M] . Chicago：University of Chicago Press，2008：33.

④ Kern, John.Sound Reporting：the Guide to Audio Journalism and Production [M] . Chicago：University of Chicago Press，2008：33.

Bush-fresh from his meeting yesterday with Democratic Congressional leaders, the first such meeting in eighteen months-said today the United States...”（布什总统——昨天刚与民主党国会领袖会面，这是 18 个月以来的首次会面——今天说美国……），要过很久才能听到“说”（said）这个字，那么我们很容易会忘记我们要谈论的到底是总统还是民主党国会领袖。

（5）用主动语态来写作

英语中的被动语态往往无法明确谁是动作施加者，比如，“Mistakes were made.”（错误已经发生了。）这样就不知道是谁造成了错误。这可能是很好的政治语言，但从西方的新闻观来看，它却是糟糕的新闻用语。使用主动语态则可以确保将某个行为归因于某个人或某件事。在大多数情况下，记者不会说，“政府因其立场而受到批评”，而会解释说，“民主党人批评政府”；不会说，“学生们被告知要举报性骚扰”，而是必须确定是谁告诉学生去做的。比如：“老师和校长告诉学生们要举报性骚扰。”主动语态还能帮助听众创造出一幅更加生动的动作画面。当听众听主动语态的句子时，他们脑海中会浮现出更加清晰的画面。

（6）不要使用修辞性疑问句或假设性疑问句

电台或电视常常会用这样的话来开始一个新闻报道：“Have you ever wondered...？”（你有没有想过……？）用一个修辞性疑问句作为导语或文章的开头是非常普遍的，因为它比想出一个真正的开头要容易得多。但是，这样的表述都是陈词滥调和帽子戏法。因此，在广播新闻报道开头不要使用修辞性疑问句或假设性疑问句。

（7）越谨慎越好

在英语广播新闻写作中，要谨慎使用最高级或不明确的表述，比如：“may be the largest”（可能是同类中最大的），或者“may be one of the largest”（可能是最大的一个），或者说一个人是“one of the most famous”（最有名的人之一），或者“perhaps one of the most famous”（可能是最有名

的人之一），或者说一次投票“could be a setback”（可能是一次挫折），或者“could be a potential setback”（可能是一个潜在的挫折）。太多的限定条件使这句话没有任何意义。美国公共广播电台的一篇新闻报道在结尾用了一句“a war that–at least for the moment– appears to have no end in sight”（一场看似没完没了的战争——至少在当时来看是这样的），这句话是经过了四次修改后的结果！“如果说是一场‘a war without end’（永无止境的战争），可能会让人觉得太社论化。”“但是，‘it appears to have no end in sight，（一场看似没完没了的战争），意思也差不多。这句话的关键在于‘at least for the moment’（至少在当时来看）。”[①] 广播新闻写作的严谨性于此可见一斑。

（8）请记住，广播的受众是听众，不是观众

进行广播写作时，可以很容易地强调媒介的听觉特性，比如：“接下来，让我们听听揭发此事的一位女性发来的消息”，或者“我们来谈谈为什么分区条例在马里兰州成为如此热门的话题”。比如，一位新当选的官员对某一事件进行回应时，可以称他是他所在政党的“新声音”，而不是“新面孔”。

（9）注意语法错误

对外英语广播新闻写作还要注意语法使用上的错误。斯杜·希德尔在美国公共广播电台做了多年的编辑，就连他也说：“我见过代词指称错误、单复数错误等一些类似中学生所犯的基本语法问题。”[②] 这是因为英语句子里面有从句和括号组成的句子，所以才造成这种语法错误。人们会常常被这样的句子所误导：“The letter sent by the four Nobel Prize–winning economists–three of whom teach at the University of Chicago–say they are ……”

① Kern，John.Sound Reporting：the Guide to Audio Journalism and Production［M］. Chicago：University of Chicago Press，2008：34.

② Kern，John.Sound Reporting：the Guide to Audio Journalism and Production［M］. Chicago：University of Chicago Press，2008：35.

（这封信是由四位诺贝尔经济学奖得主寄来的，其中三人在芝加哥大学任教，信中说他们是……）如果广播主持人对动词应该采取什么形式感到怀疑（无论是单数还是复数），那么读一下不带括号的句子："The letter sent by the four Nobel Prize-winning economists *says* they are ..."（四位诺贝尔经济学奖得主寄来的信说他们是……）或改写句子，把主语"letter"与动词"says"并列在一起。

（10）避免不必要的词语重复

比如："A dozen *workers* were at the site this morning，*working* in the freezing cold."（今天早上有十几个工人在寒冷的工地上工作。）这不仅听起来枯燥乏味，也没有说清楚他们在做什么。是的，工人工作，选民投票，司机开车，但几乎总能找到更强有力、更明确的动词来消除这些冗余。比如："A dozen workers were at the site this morning，digging post holes for a new fence in the freezing cold."（有十几个工人今天早上在严寒的工地上给新篱笆挖桩。）但有些词没有明显的或比较自然的同义词，比如"黄金"或"雪"。所以，也许重复几次"雨"这个词，比说"降水"更好，更糟糕的是用"降水活动"这个词。

（11）识别陈词滥调，寻找替代语句

大多数人都知道陈词滥调有什么问题，但不幸的是，当新闻撰稿人面临截稿时间的压力时，他们立刻会想到这些已经用老了的套话。一些广播稿件，例如体育报道或商业新闻，通常只包含套话："今天的股市牛气冲天，蓝筹股价格暴涨……"许多记者常常用军事隐喻来增强紧张感："Democrats and Republicans are battling over welfare reform."（民主党人和共和党人正在为福利改革争论不休。）其实，几乎总能找到更加丰富多彩的、更精确的方式来表达相同的意思。

（12）避免使用粗俗的行话、缩略词和首字母缩写词

有时是因为广播新闻节目中所采访的人使用行话和一些比较少用的偏

涩词，所以这些语言会渗透到广播稿件里。有时则是记者缺乏自信的表现，比如，如果他不太懂物理，他可能会留下像“绝热变化”这样的短语，因为他怕自己不能够正确地定义这个词，从而歪曲了说话人的观点。但通常情况下，音频是可以被编辑的，这样可以避免出现一些大多数听众可能难以理解的单词、短语或缩略词；如果音频不能被编辑的话，那么记者也许能够很好地定义他们在现实中听到的术语。例如，在听到某人提到“AIR会议”之前，记者或主持人可以悄悄查一下 AIR 的定义：“AIR（无线电独立协会）大约成立于 1988 年。在今年的 AIR 会议上，制片人计划讨论……”绝不能强迫听众去弄清楚一个词或一个词组的意思，当听众试图去理解上一句话的意思时，他就会错过后面的内容。

（13）不要用太多的人名和数字

美国 *Morning Edition* 节目的主持人史蒂夫·因斯克珀说，他经常不得不处理负荷过重的导语。他的建议是：“具体的名字和数字应该是必要的，其他的则应该零星分散在稿件中，或者完全不要用。”① 但是，说起来容易做起来难。当主持人或记者对一个新闻主题很了解时，常常会滔滔不绝地给听众讲。比如：尼日利亚可能有 1.3 亿人，新总统可能是以 63% 的选票当选的，但只有 40% 的合格选民投了票。然而，几乎可以肯定的是，所有这些数字都掩盖了真正重要的东西。在处理稿件时问问自己，为什么要把这些数字包括进来，然后看看是否还有其他方式能表达同样的观点，比如：“尼日利亚是非洲人口最多的国家……”

（14）多听绕口令、韵文和其他奇文妙语

简·史密斯可能是费斯特先生的妹妹，但主持人可能不想在稿件里指出她的身份。同样，他也不想以“Wayne Corey has the story”（下面请听韦

① Kern, John.Sound Reporting：the Guide to Audio Journalism and Production［M］. Chicago：University of Chicago Press，2008：37.

恩·科里的报道）或“Richard Dorr has more”（请听理查德·多尔给他们带来的更多消息）来作为导语的结尾。主持人要小心无意中使用的头韵。要注意，任何形式的头韵都不要过多，没有人认为这很聪明。

（15）避开在其他新闻广播中听到的噱头

广播新闻节目的主持人可能听过电视主播们通过隐瞒主题来炒作一个故事，即花几秒钟逗弄观众，试图让观众产生好奇心。“这将是这座城市所经历过的最重大的事件之一，组织者希望它能吸引来自全国各地的游客。而且它不会有任何赞助商、名人，甚至免费赠品。‘这就是第一个一年一度的飞行节……’”精神正常的人不会这样说话的。（“今天早上我来上班时，遇到个大惊喜，一个关系到文秘、制片人和新闻副总裁的大惊喜。‘这个惊喜就是，公司宣布他们都将得到加薪……’”）不管这种伎俩曾经产生过什么效果，但几十年来已经用烂了，现在已经不管用了。同样，应该谨慎，不要过度使用那些在电台和电视上经常听到的没有动词、没有标题的导语，比如：“In Albany today–a sixty–one–car pileup.”（今天，在奥尔巴尼，六十一辆汽车追尾相撞。）这可能是偶尔可用的一种进入主题的有力方式，但它几乎不是口语化的表达。

（16）知道外来词及不寻常的人名和地名如何发音，包括稿件上所有字句的发音

如果新闻稿件中有一些外来词或不寻常的人名和地名，一定要标注其正确读音。例如，即使主持人认为他知道“Llangollen”这个词怎么发音，在他正要说的时候，他很高兴地看到稿件里的读音标注是“lahn–GAHKH–lin”，而这个标注的读音跟他以为的正确发音是不一样的！这就是标注读音的重要性，尤其是外来词和专有名词，在新闻稿件撰写时都要加注读音，这一点非常重要。

（17）检查打字、缺字和其他文书错误

每一位新闻撰稿人和编辑都应该把稿件看作广播的准备；在紧要关

头，它可能会直接出现在广播里或者网络上。不要以为别人会纠正稿件中的错误，或帮忙把具有某种个人风格的缩略语扩展成为正常的词语。例如，导语里不应该使用记者的首字母缩写，而应该使用他的全名。毕竟，主持人不会说："下面请听 LG 的报道。"不要指望借助电脑的拼写或语法检查器来做检查。即使是一个小小的错误，也表明撰稿人对细节缺乏关注，这不是一个好记者的表现。如果在稿件中把"they're"或者"there"写成"their"，这会让人对整篇文章的准确性表示担心。

在西方国家，广播电台不管是对记者、编辑还是主持人，都有较高的写作能力要求，对广播写作更是非常重视。他们会对从业人员进行非常细致的广播写作培训，也经常开设一些写作工作坊等。以上这些英语广播新闻的写作方法和写作技巧，其基本原则与中文广播新闻稿写作的基本原则大致相同，但是我国广播电台对中文稿件写作的要求更多的是从内容上的总体把握，比如抓住重点、突出主题，化繁为简、去掉重复信息等。虽然我国也有学者提倡广播新闻制作要增强可视性[①]，但大多是强调从音响上塑造"可视感"，还有一些电台从业人员提倡在广播新闻写作时"减少描写性语言"，这一点与西方国家广播电台的做法刚好相反。不过，广播语言要简洁明了已成为共识。

在撰写广播新闻稿时，撰稿人脑海里要设想电台的另一端是"一位"典型的听众。因为广播新闻节目受到播出时间的限制，所以广播的语言要简洁流畅，避免模糊的、概念性的语言，并保持口语化、通俗化。在印刷媒介中，虽然朦胧的、模棱两可的文字口语能够激发读者的兴趣，但是这种语言表达方式在广播中却容易显得枯燥无味。广播语言倡导的口语化，与日常生活中的口语化不同，平时人们多半想到哪说到哪，来不及组织语

---

① 陆振娟，满东广．广播新闻制作要努力增强"可视性"[J]．声屏世界，2005(12)：62.

言，只是单纯地表意，所说的东西常常是重复的、琐碎的，时不时地会有停顿，语义层次也不是很清晰。广播新闻稿的写作则不同，撰稿人必须对口头表达进行加工、提炼，使其在逻辑上比日常口语表达更严密，语法更规范，并兼顾提升表达的艺术性。

总之，我国国际广播新闻写作的总体要求是，要以听众能够吸收的速度和形式来传递信息。在国际广播新闻写作上，对口语体的重视、对广播语言真实自然性的重视再怎么强调都不过分。成功的广播写作至少要让广播听众（不是报纸读者或电视观众）对广播内容一听就懂。换句话说，广播写作最基本的原则是，确保听众在收听的第一时间里，就能够理解它。因为对大多数听众来说，几乎没有第二次机会再去重复听同样的内容。与广播不同，电视上如果做同样的报道，可以用画面显示某位领导人与另外一位领导人并排站在一群记者面前，即使没有声音，这个画面在电视上也传达了一定的信息。但是，在广播里，突然之间 2 秒钟没有声音就相当于失误。另外，在广播新闻写作或者采访中要加入一些对重要细节的描述，这么做是为了让听众在听的同时易于在脑海中形成一幅图画，通过这些细节能直接、形象地知道说话者所处的环境或说话者所看到的景象。这种对重要细节的描述性语言打通了听觉和视觉的连通感，更容易使听众在脑海里营造出一种现场感，这些丰富的细节信息所产生的效果会比那些高度概括性的抽象语言更具有说服力。

第四章
广播新闻编辑

广播新闻从采写到播出，是一个需要团队成员一起合作的系统工作。而编辑主要是负责后期工作，即新闻的文稿编辑、节目的编排播出等工作。广播新闻节目是各种报道形式、各种节目形态的组合，它不是单条新闻的简单堆砌，而是按照一定的意图组织起来的有机整体。[①] 对于整个新闻节目来说，任何单条新闻题材都只是素材，只有当它成为节目整体的有机组成部分时，其价值才能充分显示出来。而编辑要做的工作就是依据节目方针选择和编排素材。

美国拥有世界上最发达的广播产业，为了在日趋激烈的传统媒介与各种新媒介之间的竞争中更好地发挥广播的优势，美国广播业不断创新理念，探索在新的媒介环境下的一些应对策略。比如，重视移动技术、广播融合发展之路等。但是，在应对新的媒介技术的挑战和不断开发广播发展路径的同时，美国广播业依然非常重视新的媒介环境下的广播内容建设。在美国，不仅报社、杂志社、出版社才有编辑，才需要排版，电台也有专门的编辑来从事广播节目的内容编辑与排版工作。编排工作虽然很重要，但普

① 冯秋荣，叶永龙．广播电视新闻节目的编排［J］．记者摇篮，2007（5）：58.

利策奖项中有报道奖、摄影奖、评论奖，甚至有漫画奖，却没有编辑奖。尽管如此，美国广播电台规定，编辑的责任是确保报道的准确性，确保报道都具有良好的故事结构，确保报道有过硬的写作质量。尽管普利策奖项中没有编辑奖，但是西方国家广播电台的编辑却责任重大。编辑是广播和听众之间的关键中间人，广播编辑的工作量常常是报社几个不同的编辑的工作量总和。同其他岗位一样，广播编辑的工作也是多样化的，除了修改广播稿件之外，可能还包括布置采访任务、建议采用什么信息来源、提出问题、帮助建构新闻故事，甚至指导记者上传文件等。编辑的角色可能常常是看不见的，但是，如果广播里播放的内容一旦有问题，那么高管和听众问的第一个问题就是："这是谁编辑的？"所以，编辑可能是美国广播电台里最"吃力不讨好"的角色之一。

一个新闻故事是否令人难忘，在很大程度上取决于写作的质量。一个好的广播新闻报道应该是视觉性和描述性的，是能够吸引听众的。为了达到这种效果，广播新闻媒体人在广播里说话要用平等的语气，要以平等的姿态来同听众说话，语句必须清晰有力，避免使用行话或新闻套话。为了使广播稿件达到以上这些要求，就需要编辑来对稿件进行修改、润色和把关。从某种意义上说，编辑的水平影响、决定着整个新闻节目的质量。[①]

这一章主要从文稿编辑和节目编辑两个方面来阐述如何更好地做好广播新闻的编辑工作。文稿编辑工作主要是确保每一篇报道既有良好的结构框架，又有核心的内容焦点；既能让听众一开始就明白报道的内容，又能让听众听完后很容易回忆起刚刚报道里听到的关键场景和观点。而节目编辑工作则涵盖更广的范围，它是广播节目的神经中枢，是整个新闻编辑网络中的重要节点。

---

① 肖峰 . 广播节目制作［M］. 武汉：武汉大学出版社，2014：50-51.

第一节　文稿编辑

文稿编辑要确保每一篇报道都具有良好的结构，即报道有开头、中间部分和结尾部分。故事应该有核心焦点，而且必须从故事一开始就能让听众明白它是讲什么的。当报道结束时，要让听众很容易就回忆起刚刚报道中关键的场景和观点。简言之，编辑要确保稿件是为广播而写的，它的语句必须清晰有力，避免使用行话和新闻文体的语言。

声音是广播的独特优势，声音传播善于传情，有较强的感染力。广播新闻报道必须很好地通过声音传达出来。如果新闻报道中有使用现场采访录音和环境录音，那么编辑要确保这些元素的加入应该能提升新闻故事的质量，而不仅仅是为音效而音效。编辑对文稿进行修改或校对的时候，要用“耳朵”来编辑。也就是说，编辑要保证好的内容，还要保证好的内容是用好的声音表达出来的。如果一篇报道听起来很糟糕，那么不管是因为记者读得不好，还是因为音频质量不好，总之编辑的工作就白做了。换句话说，编辑不仅要关注对文字的编辑，也要关注对声音的编辑。

一、新闻故事的编辑

美国等西方广播电台非常重视新闻节目的故事性，他们将节目中所报道的一个个事件称为故事（Story），而不是新闻（News）。故事是节目的重要组成要素，广播节目就是由一个个的故事组成的。所以，编辑首先要考虑的是，要报道什么样的故事，由谁来讲这个故事，在什么地方来讲这个故事，以及如何来讲述这个故事。也就是说，广播新闻故事的编辑重点在于广播新闻报道的故事要素和广播新闻报道的结构要素，即故事的内部结构以及如何将不同的故事合理地编排在一起，以达到最佳的收听效果。

（一）故事要素

在故事要素上，通常最理想的状况是，广播新闻节目组的编辑和记者从报道开始之前就一起合作。编辑可以帮助记者提出故事报道的重点，还要早一点和记者商讨节目即将报道什么样的故事，这样可以为后期的采访和事实跟踪报道节省很多时间。为了保证新闻报道有一个好的故事，编辑通常要做到以下几点：

第一，评估某个事件是否足够有趣、有价值并值得进行去跟踪，思考一下这个事件有什么新意，它是否与国内外其他地区的人们有关（或者它是否已经被报道过），是否有“新闻钩”（News hook），值得现在就去报道它。编辑需要确定某条新闻是否与其他地方发生的事件有关。编辑需要能够确定某条新闻是否有增值效应，是否与其他地方发生的某个事件有相关性，或者某个地方发生的事情是否足够引人注目以至于它应该被广大的国外听众听到。

第二，和记者确定报道的结构是采用“垂直型”还是“横向型”。横向报道往往是从更高、更广泛的视角来分析新闻事件，而垂直型报道则是深入挖掘某一种想法或某个单一事件。相似的故事可以用不同的方式来讲述。比如，如果一个记者想要报道克隆动物方面的科学进步，他可能会去采访相关政策制定者、伦理学家、科学家和商人，这样跟克隆有利害关系的不同人都能讲述一些观点和看法。这个“横向”故事也可以按时间顺序讲述克隆发展的历史。另一方面，记者也可以按“垂直型”结构来讲述这个故事，即把报道集中在某个实验室里的某位科学家身上，她是如何辛苦地从母牛的卵子里切除遗传基因，并用另一头母牛皮肤细胞里的 DNA 替换它，并利用这个场景来说明为什么克隆如此困难。这一报道角度和视野相对狭窄，但具有一定的深度。

第三，和记者就某篇报道的重点达成一致，同时也要仔细考虑其他基

本要素。从童话故事到新闻调查，几乎每一个好故事都有一些基本要素。也就是说，它既有人物，是在某个特定的地点发生的，又有一个明确的发生、发展和结束的过程。同时，故事还要具有某种张力，让听者或读者急切地想了解事情最后是如何解决的。广播新闻报道也不例外。

例如，当一位记者发来稿件时，编辑可能要鼓励记者进行一些创造性思考，“你认为你会是他故事中的主角吗？”“到底能不能在不与某智库的任何人交谈的情况下，尝试来报道这个政策呢？”“你要和谁交谈？你想从他们那里得到什么？”“你采访他们的重点是什么？”这些问题总是会让记者回到故事的重点上。有可能故事中最完美的“人物”并不是具体的人。如果报道的主题是限制新英格兰的海滩侵蚀，那么故事主角可能是灯塔。如果某篇报道文章讲的是摄影修复技术的新进展，那么故事主角可能是摄影——在故事开始时，照片被沾上了污渍、被撕裂，或者褪色了，但是最后这些照片又得以修复，而且熠熠发光了。

第四，编辑还应该和记者讨论在什么地方进行报道。有时候，报道的地点是显而易见的，但很多时候，事件可能涉及好几个地方。这个时候，编辑要确定报道是否只关注一个城市，还是应该比较其中的两个城市，或者应该对全国的情况进行概述，并思考是否有办法使用现场场景元素和不同声音来讲述新闻故事。在这个阶段，编辑也可以问一下记者，是否有办法使用现场场景和声音来讲述故事。编辑要鼓励记者想象一下他可以录到的理想的采访录音或最佳的环境录音会是什么样子的。比如，是奥运会场馆的欢呼声，还是对某个运动员、教练员的采访录音，然后建议记者如何获取这些场景声音或类似的场景声音要素，并将它们融入新闻报道音频当中。在理想情况下，随着新闻事实的不断揭露，新闻报道的焦点也在不断发生变化。因此，编辑要确保记者已经了解了事件发展的最新状态，而且根据西方国家的新闻理念和听众的收听习惯，编辑还要看一下新闻报道中是否提到了事件双方的观点和看法，以确保新闻报道的平衡性。

（二）故事结构

想做好一个好的广播新闻节目，编辑还要确保每条新闻都有一个合理的故事结构。最好的故事是以声音为基础的，不管是访谈录音还是环境录音，光有这些很棒的录音音频资料并不一定意味着是一个很棒的故事。记者在整理各个报道的音频片段时，通常是选择他们认为最好的现场访谈录音，然后写播报稿时只是简单地注明一下每个音频场景的安排顺序。通常结尾部分的录音是最尖锐、最有力、最具前瞻性的，或是从其他方面来看听起来像是个结论的东西。

在这种点与点的串联结构中，播报稿的主要作用是把听众从一个场景或一段声音中引导到另一个场景或另一段声音中。① 问题是，即使每一段“主持人 / 播音员新闻播报音 + 记者现场访谈录音”的意思都很清楚，但从整体来看，广播新闻报道还是具有不连贯性。一个以整体有序的方式来讲的故事，往往比一个个仅仅靠记者的报道串联在一起的、由好听的录音片段组合而成的广播节目更令人印象深刻。因此，广播电台不仅要求每一条新闻报道都要有丰满生动的故事，而且整个新闻节目的故事结构还要听起来是紧凑合理的。很棒的录音音频资料并不一定意味着它就是一个很棒的故事。编辑在考虑故事结构的编排时，往往可以运用以下这些方法和策略。

（1）故事内容决定故事结构

故事结构往往取决于所讲的故事内容。例如，记者可能参观某个地方，在这种情况下，故事可能是按照地理位置的方式来建构的；有时报道是按时间顺序来描述事件，比如解释侦探推断犯罪如何发生的报道；有时会将时间顺序倒置，从最新的发展现状开始，然后进行追溯，比如报道的一开

① 通常情况下，现场访谈和播报听起来是前后相互接合的，这就巧妙地掩盖了报道的不连贯性。如果访谈的结尾部分是有人说：“这不是世界末日，你知道的。”那么下一段播报的第一句话就是：“但对农民来说，这似乎是世界末日。”

头是社区里的人们举行活动纪念当地某位活跃人士，然后倒回去谈这位活跃人士的职业生涯，让听众了解为什么他给人们留下这么深刻的印象。

有时，甚至在报道开始之前，结构就已经很明显；有时，结构是记者、编辑和（或）制片人苦心推敲出来的。记者通常是带着大量的信息和很棒的录音音频资料从采访现场回来的，他们知道自己有一个扣人心弦的故事，但是他们有时却不知道如何来讲述这个故事。或者是他们沉浸到所收集到的材料中，不知道重点从何抓起。这时，编辑就可以指导记者了。他可以让记者勾勒出一个故事的大纲，然后看看这个结构是否有意义。是否所有的元素都与重点相关？有什么故事吗？如果编辑按照记者所建议的顺序收听访谈录音，是否觉得该顺序符合逻辑？记者是否采用了不同的方式来讲述同样的故事？有时，编辑会在记者开始写脚本之前，就和他讨论这个故事的结构，这样将为之后的编辑工作节省很多时间。

（2）采用“悬念设置”的结构，激发听众持续收听的兴趣

记者会在报道一开始的时候，先讲接近故事高潮的部分，然后戛然而止，接着讲一些必要的事实和背景信息，最后继续把故事讲完，化解紧张。也就是说，把故事的结尾先搁置几分钟，这样容易把听众吸引住，因为听众想知道事情的结果。比如，一位记者写一篇关于父母与其孩子在地震中失散了的新闻故事，在匆忙撤离的时候，父母和孩子们分别上了不同的大巴车。记者采访了一位来自地震区的妇女，她被转移到其他地方，她花了八天的时间寻找失散的孩子们，最后她在某地一个临时安置点里找到了孩子们。同时，记者还可以采访临时安置点的工作人员和当地的政府工作人员，从而获得更多、更丰富的信息资料。记者可以利用“悬念设置”的结构，开始讲述母亲的遭遇，但在讲到她和她的孩子分开的时候突然中断，也就是说，把故事的结尾先搁置几分钟。那么，听众往往会被吸引住，因为他们会想知道孩子们到底发生了什么事情，以及那位母亲是否已经和孩子们团聚了。这时，记者可以告诉听众地震区的其他一些情况，比如安置点其他孩子的处境，地方政府在地震中所做的工作等。人们都想听到故事中的主要人物的最终结局，记者只需要在设置悬念后再重新回到最初的故事中，把事情最终的圆满结局告诉听众就可以了。

（3）故事结构必须很好地服务于故事内容，好让故事更容易被人们记住

有时，在进行报道之前，报道结构就已经很明显；有时，结构是由现场的记者和制片人苦心推敲出来的。总之，编辑要确保这条新闻在广播上播放出来是有趣的，听众愿意逗留三分钟、四分钟或五分钟来听这个故事。记者收集到了声音，收集到了事实和数字，而编辑就是帮助他们用一种叙事流程的方式，用编辑认为在广播上听起来会有趣和令人兴奋的方式，把所有材料组织起来。

二、稿件内容的编辑

广播电台编辑不仅是更正和修改文本，作为听众的代理人，他们还需要检验和决定一个报道是否适合在广播里播放。因此，电台编辑是用“耳朵”来进行编辑的。通过听新闻报道，而不是去阅读它，编辑才能确保报道能够全程维系听众的兴趣。因此，编辑在对内容进行编辑时，必须确保这些内容能够时刻带动观众的好奇心和参与性。

广播电台的新闻稿件脚本编辑与杂志或报纸的编辑最明显的区别是，广播新闻稿件是要读出来的。所以，编辑要去“听”新闻稿。为了不受新闻稿件脚本的影响，编辑甚至可以不用提前看脚本，而是在完全不知道脚本内容的情况下来听，就好像他这个时候刚好打开收音机，刚好听到了这个新闻报道一样。编辑可以一边听新闻报道，一边快速瞄一眼脚本，并圈出觉得有问题的地方或其他需要额外加工的地方。编辑也可以在正式编辑新闻稿件之前先看看脚本，尤其是当他们担心新闻报道的故事结构，并认为这个结构可能需要大调整的时候。编辑在对新闻稿件进

行编辑时，是用“耳朵”来编辑的，他要像听众一样先听听这条新闻报道，确定故事是否可理解、可收听，是否有趣，节奏是否正确，是否适合在广播上播放。对于编辑来说，文字脚本的阅读方式并不重要，他主要在乎的是它听起来怎么样。

对听众来说，没有第二次机会来听同一个故事，他们只有一次机会来理解一个故事。所以，如果有一句话不中听，那么听众就不会去听后面的东西了，他们就会换台或干脆关掉收音机。为此，编辑要听很多东西，包括故事的内容和清晰度，故事的节奏是否能吸引人，是否具有清晰的方向性，是否有真正的叙事动力。所以，在编辑过程中，编辑要听完新闻报道中所有的声音，判断它是否适合在广播上播放。编辑还要考虑报道中的外国口音是否清楚、是否难以理解，采访现场的环境音是否使故事听起来更生动等。也就是说，当人们在车里收听，或在床头边用一个只带有很小的扬声器的收音机来收听，或在厨房边做饭边收听的时候，是否很容易听懂。记者可能会对采访内容十分熟悉，甚至会对自己的采访产生感情上的依恋，他们有时可以逐字逐句地背诵访谈对话。编辑是在帮助记者进行一个线性测试，这样做是为了保证听众可以听懂记者的报道。

如前所述，西方国家的广播新闻报道中一般包含三种类型的声音要素：电台新闻节目主持人的播报音、记者在现场的采访录音和新闻现场的环境音。当编辑聆听一条广播新闻时，他会使用一个秒表来计算这个报道中这三种不同类型的声音的时长。计时虽然不是编辑工作中最重要的事情，但这项工作仍然非常重要。因为大多数电台广播报道都分配了特定的时长，在美国公共广播电台，平均每个报道是 4 分钟时间，在其他地方可能要短得多。所以，记者和编辑需要知道故事是太长了还是太短了。根据文字脚本来计算这条新闻在广播上播放的时长是需要技巧的，因为在计时的过程中，可能电话铃响了，可能被其他事情打断了，那么编辑必须知道如何在停止计时后从完全相同的位置上开始继续计时。因为任何报道的时间预算都包括导语的时间，所以编辑一般都从导语的第一个词开始计时。美国公共广播的编辑贝贝·克劳斯说："在我所认识的人当中，每个人在编辑阶段的说话速度都比在广播播报时要更快一些。在广播上，他们的语速一般都会慢一些，所以我在给脚本计时的时候，我会注意这种差异。"[①] 如果计时后发现时间长于所规定的时间，那么编辑就要考虑如何删掉一些内容。比如，即使有段录音非常有趣、生动或令人兴奋，但却无助于讲述这个新闻故事，那么编辑通常就要把它删掉。西方国家在对新闻音频进行编辑时的精细程度，也值得我国国际广播新闻节目媒体人学习和借鉴。

广播是运用声音优势进行信息传播的媒介，因此，要充分发挥声音的作用和影响力。广播中的声音要素主要是人和自然界产生的声音效果，除了人物的声音外，如果能够灵活运用音响，将会大大节约广播新闻节目的时间和文字阐述。例如，有关恶劣天气的新闻报道以呼啸的风声作为开场，不仅可以直接代替拖沓的话语，而且可以大大增强逼真的现场感，创造出生动形象。听众总是会期待媒介能产生一些戏剧性效果，而音响可以有效地帮助广播实现这种效果，增强媒介信息的力量，吸引听众的注意力。如婴儿的啼哭声、塞车引擎的咆哮声、火箭发射的声音等，都很容易将听众吸引过来。简单的音响制作在广播新闻中是被认可的，不管是现场实况音响还是非现场实况音响，都能增强广播新闻的真实性和可信度。现场实况音响显示出新闻的时效性，而非现场实况音响在节目中多以背景音响的形式出现，它可以是过去的、历史性的音响资料，是对新闻节目的烘托或延伸。节目中适当地使用音响素材可以增强节目的真实感，加强生活气息，烘托气氛，增强节目的感染力，但是，如何在新闻报道中使用音响则取决于内容和主题的需要。在用"耳朵"编辑的过程中，编辑所进行的不仅是

---

① Kern, John.Sound Reporting: the Guide to Audio Journalism and Production [M]. Chicago: University of Chicago Press, 2008: 209.

对文字及其结构的编辑，也是对各种声音要素的编辑。

（一）导语的编辑

新闻节目主持人的导语相当于报纸的标题及文字的第一段文字，是抓住听众的注意力“钩子”。这是记者首先要写的，也是编辑进行编排时必须最先去听的一部分。通常，编辑编排导语时要注意以下策略：

第一，导语必须激发听众对即将出现的文章的兴趣，并解释为什么某个新闻事件或问题值得人们关注。它应该为接下来的广播报道做好准备，提供相应的时间和地点参考，甚至提供报道中的主要人物信息。导语应该尽可能地视觉化，让听众能在其脑海中看到一些图景，让人们能关心接下来要讲的故事。

第二，导语不应该是换种说法来重复一遍整个报告的意思，导语不应该包含报道中的任何技术性数据材料。比如，一篇关于某国激烈的选举报道，如果导语中塞满了候选人姓名、他们之前在政府部门的工作职位或离开政府部门后的工作职位、他们所属的党派以及这些党派分别代表什么，那么没有什么比这种导语更枯燥无味的了。听众想知道的是，什么是利害攸关点以及这些利害攸关点将如何直接或间接地影响他们的生活，不能让这些观点被淹没在太多的细节里面。

第三，导语应该能够从逻辑关系上引入记者的第一句话，而不是和记者说的第一句话相似。在主持人告诉听众发生了什么事情之后，记者又用不同的语句再次重复一遍同样的故事，有时还不止重复一遍。当导语是一个报道组合中的一部分时，导语里不应该再次提及它前面的报道里已经说过的东西。也就是说，导语应该避免“多层蛋糕化”（layer-caking）。

导语应该把新闻放在首位。许多导语使用一个可以用来总结的模板，即“It used to be that way，but now it’s this way”（以前是这样的，但现在是这样的）。这种模板几乎总是会将最新的内容放在最后一行。下面是一个美国公共广播的新闻报道示例：

> One of the hallmarks of workplaces in the last decade was a marked change in dress codes. The vast majority of businesses relaxed their standards.Surveys indicate that about half of all office workers are now allowed to "dress down" at least once a week, and for some employees "casual Fridays" evolved into casual every day.But as NPR's reports, casual wear may be starting to fade.

有很多方法可以重写这个导语，也许最简单的（也是最常用的）方法是把最后一句话放在最前面：

> Casual wear may be starting to fade.

当然，这意味着写作的人必须跟着这个思路去做更多的事情，而不仅仅是重述一些普遍的常识。在这种情况下，他必须去思考是否真的需要把休闲星期五的历史告诉普通的听众。

西方国家广播电台新闻报道中常见的导语套路大致包括这么几种："You probably assume it's this way, but it's really that way"（你可能认为事情是那样的，但其实它是这样的），比如：Many people believe the folk music boom ended in the 1960s, but it's returning with a vengeance to college campuses（许多人认为民歌热潮在20世纪60年代已经结束，但它又汹涌澎湃地回到了大学校园）；"Some people think this, but others think that"（有些人认为是这样的，但其他人认为是那样的），比如，hunters view rattlesnake roundups as a springtime tradition, but animal-rights groups say they're barbaric（猎人们认为搜寻响尾蛇是一种春季传统，但动物权益保

护组织说，这种行为是野蛮的）；以及“（这样可能是好事，但那样是不好的）”，比如，waste-to-energy programs have helped keep thousands of tons of trash out of America's landfills，but they're also adding to air pollution（废物再生能源项目把成千上万吨的垃圾从美国的垃圾填埋场移除了，但同时也加重了空气污染）。编辑认为，这些古板老套的文本结构不仅枯燥乏味，而且过于简单化，一股劲儿地想从导语中挤出点不同来。还有一点，在导语中用了太多的“但是”，会让听众不确定这篇报道到底是讲什么的。当听众面对一条其实已经被剪切过的信息时，他们对信息的理解其实会产生偏差。更重要的是，这种导语就像一个公式，公式化的写作是不能激发听众的注意力的。一个好的导语应该包含惊喜的元素。下面是一个例子：

We're all heard that it's expensive to live in New York City. Well，it's not cheap to be dead there，either.New York forever，and challenging for cemeteries that will soon be out of the burying business.Here's NPR's Robert Smith.

我们都听说在纽约市生活消费很高，连死后安葬在那里也不便宜。纽约墓地的数量现在越来越多，剩下的墓地很多都是非常昂贵的。对于那些希望永远留在纽约的家庭来说，这是个坏消息，对于即将脱离丧葬业的墓地来说也是个挑战。下面是公共广播的罗伯特·史密斯带来的报道。

第四，导语是对听众的一种承诺，它告诉听众在之后的报道中将会听到什么内容。如果报道是属于调查类型的，那么一个导语应该让听众知道事件概要、事件年表等。导语需要管理好听众的期望。因为导语是如此重要，所以导语中应该有闪光点，能够让主持人有机会同听众连通在一起，又能有效兜售记者的新闻故事。

（二）现场采访报道的编辑

在记者的现场采访报道中，把哪句话放在采访录音的第一句？也就是说，如果导语中包含了故事的主线，那么记者第一句话要说什么？为解决这个问题，西方国家广播新闻报道一直以来采用较多的方法是以现场录音来开头。以这种方式构建一个报道，其基本原理是，它立即勾勒出了一个场景，让记者出现在播控室之外的其他场景地点（在听众的头脑里是这种印象）。这种方法的确很奏效。几十年以来，西方国家广播新闻的记者们几乎都是以现场采访录音来开始他们的新闻报道，这种套路已经成为一种墨守成规的制作方式。第一句话的声音应该像一句写得很好的书面语句一样，能够有效地承接在导语的后面。飞驰而过的汽车声音，或正在响起的电话铃声，甚至教堂钟声，这些都可能还不够好。

一般而言，无论新闻报道节目是以现场环境音、采访录音来开头，还是以播报音来开头，编辑都应该确保导语和报道开头之间存在某种逻辑联系。这就意味着，记者进行报道时，应该好像他刚刚听到导语中所说的事情一样。当然，这也是将呈现给听众的样子。下面是一个美国公共广播的新闻报道案例：

Intro：Human evolution is sometimes compressed to a kind of comic strip.It starts with a hairy apelike bent over and walking on his knuckles，and next to it are progressively more upright figures slouching along，and finally a fully bipedal，clean–shaven modern human.Some anthropologists hate this drawing，in part because there's been little evidence that human ancestors walked on their knuckles.Now it turns out that cartoon may be fairly accurate.NPR's–reports.

Reporter: Brian Richmond is an anthropologist at George Washington University.He says he's tried to walk on his knuckles like a chimp or a gorilla, but he feels silly and his wrists hurt.He got to thinking about wrists a couple of years ago.Richmond was sitting in a small office at the Smithsonian's Natural History Museum...[①]

导语：有时，人类的进化浓缩为漫画可以用下面一系列图片来表现：刚开始时，他像一个毛茸茸的类人猿一样弯着身躯，指关节和膝关节着地爬行，接下来是渐渐直立行走，到最终完全双足行走、胡子也刮得很干净的现代人。一些人类学家讨厌这些图画，部分原因是没有什么证据能够证明人类祖先是用指关节和膝关节进行爬行的。现在看来，这些卡通图画的描绘可能是相当准确的。下面请听公共广播记者带来的报道。

记者：布莱恩·里奇蒙德是乔治·华盛顿大学的人类学家。他说，他尝试着像黑猩猩或大猩猩那样，指关节和膝关节着地爬行，但他觉得这样的姿势看起来很愚蠢，还把他的手腕弄伤了。几年前他就思考过手腕的问题了。里奇蒙德坐在史密森尼自然历史博物馆的一个小办公室里……

这几乎是"it used to be that way，but now it's this way"这种导语套话的变体，或者也可称之为"含蓄的但是"类型的导语，因为"但是"是隐含在首句的开头，"Now it turns out..."（现在事实证明……）。然而，这个导语和记者报道音很好地融合在一起。导语以一个强大的视觉形象为开头，因为大多数人都见过人类进化的卡通图画，甚至可能见过相似的模仿动作。

---

① Kern, John.Sound Reporting: the Guide to Audio Journalism and Production［M］. Chicago: University of Chicago Press, 2008: 106.

这些动作形象地给了人们一些他们不知道的信息，大多数人类学家都讨厌这一点。它清楚地暗示了这篇报道即将要讲什么，也就是说，新的研究显示人类祖先可能确实曾经用指关节和膝关节在地上爬行过。在导语之后，记者用一个新的场景开始了他的报道：研究员在他自己的办公室里，指关节和膝关节着地在爬行。记者播报的方式表明，他所说的东西是主持人提出的观点的延续。

记者第一条采访录音中的第一句话可能会有问题。由于新闻主线在主持人说的导语里，第一句话的目的就是推进故事。记者并不总是能达到这个目的，就像在下面这个例子里：

Host：The Bush administration will announce its decision this week on regulations to protect the confidentiality of medical records. The rules，issued by the Clinton administration，are the first federal protections for medical information，but they've been suspended for the past two months while privacy advocates and the health-care industry have fought over whether they go too far or not far enough. NPR's-report.

Reporter：The medical privacy regulations issued last December would，for the first time，guarantee patients access to their own medical records.①

主持人：布什政府将在本周宣布其对保护医疗记录私密性规定的决议。这些规定是由克林顿政府发布的，是联邦政府对医疗信息的第一个保护措施，但这些规定在过去两个月里已被搁置

① Kern，John.Sound Reporting：the Guide to Audio Journalism and Production［M］. Chicago：University of Chicago Press，2008：107.

了，而隐私权利倡导者和医疗保健行业也已经在他们是否抗争得过头还是抗争得不够方面产生了争议。下面请听公共广播记者的报道。

记者：去年 12 月发布的《医疗隐私条例》将首次保证患者获得自己的医疗记录。

除了“12 月颁布了这些规定”这一事实外，记者的第一句里没有什么内容能进一步推进导语（尽管导语中有说，这些规定在过去两个月里已被搁置了）。主持人的导语和记者的第一句话里的词汇都是技术性的、干巴巴的、政策性的话语。

这种政策性故事可能很难有活力。但是，在这篇关于医疗隐私的报道播出的同一天，其他几位记者在类似的故事中展示了一些更为成功的第一句话。比如：

If ever there was a situation ripe for political payback, this would be it.

如果有任何政治报复的成熟时机的话，那么就是现在这个时候了。

For the first few months of the Bush administration, there was a White House Office of National AIDS Policy–though no one seemed to be working there.

在布什政府的头几个月里，有一个白宫国家艾滋病政策办公室，虽然似乎没有人在那里工作。

The Bush administration came into office talking tough about overthrowing Saddam Hussein，while uttering sympathetic words for the Iraqi people.

布什政府上任后，对推翻萨达姆·侯赛因持强硬态度，虽然同时对伊拉克人民表示同情。

尽管这些报道是关于政治、武器协议、艾滋病政策和美伊关系的，但记者们都设法把一些东西放进他们的第一句话中，以引起听众的注意。编辑的工作之一，就是确保听众的注意力永远不会衰减。如果听众的注意力与记者的第一句话一起蒸发掉了，那么节目就失去了它的听众。

当然，一个经过广播检验证明很可靠的、能抓住听众的方法是，举一个实例说明某人受到某项政策或事件的什么影响。例如，浏览一下美国公共广播电台在某个下午的新闻报道，会发现一些几乎完全相同的脚本：

When Tampa police officer Rick Dubinas gets a report of a stolen handgun，the first thing he wants to know is the gun's serial number.

当坦帕警官瑞克·杜宾纳斯收到一支被盗手枪的报案时，他想知道的第一件事就是枪的序列号。

When Jay Schecter releases in the quiet of his home on Hannawa Pond in northern New York，there's one sound he can't stand.

当杰·斯科特在纽约北部汗纳瓦庞德自己宁静的家里中休闲放松的时候，传来一个他无法忍受的声音。

When Sarah Higley was a nine-year-old growing up in Glendora，California，she and her friends wanted be able to share secrets and pass notes.

当萨拉·西格雷在加利福尼亚的格伦多拉长到九岁的时候，她和她的朋友们希望能够分享彼此的秘密和传纸条。

简言之，写好第一句话并没有什么秘诀，就像写好导语也没有什么秘诀一样。理想的情况是，每个词都应该是意想不到的，又是不可避免的。好的诗歌也是这样界定的。

（三）播报稿和采访录音稿的编辑

播报稿是为广播节目主持人在节目播放过程中要说的话而准备的稿件，虽然主持人不一定会全部按照播报稿来讲，但至少播报稿为主持人勾勒了节目的大致框架结构。采访录音稿是记者在新闻现场对受访者进行采访时录下来的对话的文字脚本。播报稿与采访录音稿，也就是前面所说的公共电台新闻报道里重要的两种声音（主持人播报音与记者采访录音）的文字誊写稿。

最好的编辑应该是个好作家，既能识别出杂乱无章或晦涩难懂的字句与结构，又能很好地理解和运用正确的语法，还知道如何善用辞令。而且，编辑应该非常熟悉公共电台广播写作的原则，专治语句上的疑难杂症，非常注意陈词滥调、长句子、奇怪的用词或语法以及其他常见的写作问题。编辑在播报稿编辑过程中要注意以下这些问题。

（1）前后呼应

我们听广播新闻报道时会发现，导语和正文之间在意思上会前后呼应，或相同词组会相继出现，但前后呼应也可以出现在采访录音和播报录音之间。另外，并非所有的前后呼应都是逐字地重复词组。如果在导语或报道的前面首次引用了某个人或某件事，那么在该报道的后面一般不会再次使用同样的说法。例如，听众一般都不想在广播里听到记者说两次“某某食品公司的经理迈克尔·本山姆先生”。

（2）慎用说话人身份不明的采访录音

如果听众在整个故事报道中老是听到某个人名，记者有时会认为，当他第三或第四次提到这个人时，不需要再提起这个人的名字。但是，要知道，听众是不会做笔记的。于是，广播人必须假设听众大部分时间都只是用半只耳朵在听，所以，应该在每一段现场采访录音的前面，都简明扼要地不断地说明受访者的身份，添加某种身份识别不会带来任何伤害，而且几乎总是有用的，能够方便听众辨认是谁在发言。

（3）区分采访录音中的不同发言人的声音与观点

在现场采访录音中，经常会有记者的说话声插在上下文均为被访者发言的中间位置。这样很容易产生混淆，尤其是当两个被访者的说话声音相似，但观点却不同的时候，听众会很自然地认为，他们刚刚听到的声音都是同一个人的。比如美国公共广播电台的下面这个案例：

Ronald Babcock：...So I think the government should use one tenth of one percent of the money it spends on roads to protect wilderness trail.

Reporter：Richard Jenkins of the U-S Forest Service says many environmentalists are opposed to designating new trails because they fear they will only attract tourists.

Richard Jenkins：We're getting to the point with all of the sanctioned trails where it's costing millions of dollars just to pick up trash.[①]

罗纳德·拜伯考克：……因此，我认为政府应该用铺设道路

① Kern，John.Sound Reporting：the Guide to Audio Journalism and Production［M］. Chicago：University of Chicago Press，2008：109.

资金的百分之一中的十分之一来保护荒野小路。

记者：美国林务局的理查德·詹金斯说，许多环保人士反对规划新的道路路线，因为他们担心只会吸引游客。

理查德·詹金斯：实话实说，所有这些被批准建设的道路，花费了上百万美元的造价，结果却只换来大量垃圾。

编辑在编辑这个段落时，会觉得前后两位受访者（罗纳德·拜伯考克和理查德·詹金斯）的标识符位置很混乱，尤其是当两个被访者说话声音相似，但观点却不同的时候，听众会很自然地认为，他们刚刚听到的声音都是理查德·詹金斯的声音，而没有罗纳德的声音。这时编辑常用的一个简单的澄清事情的方法就是，把这两个不同的说话人声音区别开来："理查德·詹金斯不同意上述观点，詹金斯是联邦政府监督道路规划的工作人员……"或者"罗纳德·拜伯考克的意见属于少数派，许多环保人士表示，他们担心规划新的道路路线会带来新的问题。理查德·詹金斯说……"

（4）多启发记者使用强有力的视觉动词来描述细节情景

编辑的职责是要去完善那些平庸的文稿，能够做的就是：删除陈词滥调，缩短句子，去掉不必要的数字，但是脚本如果还是枯燥无味、暗淡无光，那么编辑会提醒记者，他是在讲故事，而不是在做读书报告或演讲。编辑也可以向记者提出一些精心挑选的问题来使其写作生动起来。比如，如果记者采访回来后写道："我们现在在××小学五年级一班的教室，班里的学生们正在讨论数学问题。"那么编辑可以问他，"是什么样的数学问题？"记者可能会说："哦，他们正在做数学应用题，两列火车相向而行。"然后编辑可以接着问他："让我们把这个放进采访报道里。所有的孩子都坐在他们的课桌旁吗？还是有些人在黑板旁？他们的课本都拿出来摆在课桌上并把课本翻开来了吗？或者他们都是在白纸上做着数学计算题吗？"这些细节情景是许多记者认为不必考虑或认为他们没有时间去考虑的问题。

不管是编辑也好，还是记者也好，使用强有力的视觉动词来描绘细节情景，可以帮助听众在脑海里勾勒出一幅图景来。

为了使广播听起来很有情境感、现场感，使听众在听的同时在其头脑中产生一种画面感，记者要使用强有力的视觉动词，或者编辑在修改稿件时也会倾向于用很有视觉感的动词。但要谨慎使用以“There is”或“There are”开头的句子。比如，与其说“There were crowds of teenagers eager to buy tickets”（有很多青少年急于买票），不如鼓励记者描述当时正在发生的实际情况：“The teenagers were elbowing one another aside as they pushed forward to buy tickets.”（有一群青少年正相互推搡地紧随人流涌向前去争相购票。）与其说“There was a small girl in front of the school”，（学校的大门前有一个小女孩），不如说：“A small girl was fidgeting with her lunch box as she stood in front of the school.”（有一个小女孩站在学校的大门前，她坐立不安地摆弄着她的饭盒。）

要产生以上这种情境感、现场感，这就意味着记者必须记录细节——记在脑子里，记在笔记本上，记在他的光盘上，或用相机记录这些细节，反正总得通过某种方式记录下来！记者在采访时不要只考虑到声音，还要注意现场场景里的其他东西，而正是这些记者忽略的东西可以让一篇报道活起来。比如，一位记者做一个关于监狱为犯人和孩子们开办聚会的新闻报道，可以描述一下孩子们第一次走进监狱那一刻的样子，监狱的门是什么颜色、什么形状、什么构造等，这些运用所有的感官来进行的报道才会栩栩如生。

有时，编辑可以帮助记者把稿子写得更好，让他对自己的故事有某种特定的观点。虽然，某个故事听起来不会对当事的任何一方有所倾斜，但是记者可以在不表明编辑单方面意见的情况下巧妙地阐述自己的观点。例如，可以描述一下在安装了气象台的休眠火山顶部的感觉，或者清楚地表明难民营的景象是骇人听闻的，或者在一个不可否认的滑稽情景中反映出

幽默感。编辑在这个时候，会退后一步，思考一下记者是否成功地给听众带来了新的东西。在编辑的眼里，最好的新闻报道不是对那些到处泛滥的、人云亦云的想法或观点进行重新包装，而是能够告诉听众一些他们所不知道的或不记得的事情。

三、结束语的编辑

编辑不仅要密切关注新闻报道的导语和开头部分，对报道的结尾部分同样要非常重视。通常，编辑要检查一下这篇报道的结论是否实实在在地确实说了些什么。编辑的工作之一是要确保在报道的结束语中有明确清晰的结论，一般不会用“这还有待时间来证明”（only time will tell）之类的老套话语来结束一个报道。有些报道的最后往往不是以结束语来结尾的，而是在结尾部分放一段现场采访的录音，然后紧随其后的是记者简单地说句“节目到此结束”，这通常被认为是一种逃避的方法。用现场采访录音来结束报道是一种很少使用的方法，而且只有当这段现场采访录音能够作为报道的结论时才可以使用这种方法。在有争议的话题的报道中，以一段现场采访录音结束这篇报道，可能会给听众留下这样的印象：记者的立场和这段录音中的说话人的立场是一样的。有些国外广播新闻的编辑反对没有结论的报道，如果在节目结束时记者跳回来只是为了说一句“节目到此结束”，那么他们觉得这种报道听起来会很奇怪。但是，在美国的广播电台节目中，还是会经常听到这种没有真正结论的报道，大概是因为编辑（至少是由于在紧迫的截稿时间要求的压力之下）实在难以找到适合记者说的、既有新意又不投机和不冗余的话吧。

美国广播电台的许多记者喜欢引用别人所说的某句话来结束他们的报道，而不是用现场采访录音来结束他们的报道。也就是说，记者告诉听众某个受访者说了什么话，发表了什么观点，就像我们在报纸或杂志上看到的新闻报道的写法一样。美国公共广播电台的编辑通常会帮助记者从报道中的某个地方挪用几句引语、某个观点或某件事例来作为报道的结尾。例如，一位记者以下面这种方式来结束他对秘鲁总统选举所做的一篇报道：

> "The process has changed 100 percent," Velasquez says. "last time, it was totally fraudulent, but this time it's all very correct, and we hope that today's winner will be Peru." ①
>
> 贝拉斯克斯说："这个过程已经百分之百改变了。上一次完全是欺诈，但这次一切都非常正确，我们希望今天的赢家将是秘鲁。"

总之，结束语的性质取决于节目主题的性质。结束语通常是一个确凿的观点、一句幽默的评论或是事实的真相。使用恰当的结束语往往增加新闻的外延，加深新闻留给听众的印象。编辑对文稿内容（或音频内容，因为所有的文稿内容都是要用声音来展现的）进行编辑的目的，是使新闻内容的结构严谨、语言通顺、节奏明快、主题鲜明、再现生活，能够吸引听众并给听众留下深刻的印象。广播新闻节目要以具体的听觉形象诉诸听众感官，编辑要根据具体要求对音频新闻中的各种声音要素进行有组织的安排，使广播新闻节目不仅能传递消息，还能触动听众情感。为此，编辑要准确理解新闻传播的目的，使新闻信息正确传递并能突出细节，形成冲击力、戏剧性和节奏感。

---

① Kern, John.Sound Reporting: the Guide to Audio Journalism and Production [M]. Chicago: University of Chicago Press, 2008: 113.

四、老故事，新方法

在每年的年初，美国大多数新闻机构，包括美国公共广播电台，都已经开始规划当年未来的十二个月里将要报道哪些故事。比如，海外记者肯定会在以往的事件多发地随时等待爆料新近发生的战火；艺术条线的记者将会报道年度颁奖典礼的故事，如格莱美奖和奥斯卡奖；国家台记者将会报道新学年的开始，金融市场的大变动，以及美国橄榄球超级杯大赛和各类世界锦标赛；科学条线记者将会基于学术研究期刊而制作大量报道故事。在广播电台工作多年的编辑、记者等经过年复一年的报道之后，大多数人都可以预测到下一轮将要报道的故事会是什么样子。

虽然，可能在广播里听到的故事跟以前听过的故事类别相似，或者人们也可能在电视上看到过类似的故事，但是每一个“例行的”故事，都是一种新的挑战，新闻机构都会想方设法用不同寻常的方式来展现它。故事还是老故事，因为这样的“例行”故事会满足一个好报道的大多数条件。但是在报道方法、表现方法上，公共广播电台会寻求新的突破。任何节目可能都难以做到在报道中面面俱全，但是报道一定要很及时，报道里有多方的声音，报道的重点明确、结构合理。

为此，广播电台的编辑们会努力去思考一些不同的方法来建构相同的故事。并非所有这些想法都能成功，其中某些想法的成功也取决于记者的技能。其他的想法可能在一两天后会听起来更好一些。关键在于，大多数编辑可以在几分钟的头脑风暴中生成四种或五种不同的方法来建构同一个故事。因此，花时间尽力去设想一个同旧模板不一样的新方法是很重要的。

不是每个记者都能想出一个新的方式来建构一个传统的故事，但编辑总是会去挑战记者，让记者多去尝试不一样的方法。“这有点像跳舞，你们两个人都带着什么东西而来，都不想踩对方的脚趾，但你们一起共同努力完成工作。”[①] 尽管是同一支舞，编辑和记者总是尽量一起跳出不一般的花样来。

在美国等西方国家，广播新闻编辑除了要完成广播新闻内容编辑之外，还要负责广播电台网站上的音频新闻，包括对播客新闻内容进行编辑和把关。在线编辑与广播编辑不同的一点是，在线新闻音频中的错误信息纠正起来要比广播中的错误信息纠正困难得多。在广播里，一个错误的陈述是可以被纠正的，如果是及时发现的话可以立即进行纠正，如果不是及时发现的话，在接下来的节目里或者后续的节目中都可以对之进行纠正。但是，网络上的在线错误可能一直会持续下去，网络上的编辑失误似乎永远都无法抹掉。所以，美国公共广播的在线编辑们对网站上的音频新闻和播客内容的检查与编辑都十分严格，对在线音频内容进行层层打磨，以确保在线内容和播客内容不出现错误。如果播客上有错误，那么公共广播会用新的播客内容替换掉旧的播客内容，如果有人已经下载了旧的播客内容，那么这个错误可能还会一直延续下去；如果旧的播客内容还没有人下载，那么人们就只能看到更新后的播客内容，这样他们才有可能永远也不会知道旧的、有错误的播客内容的存在。

中国国际广播电台是我国唯一的国家级外宣广播，中国国际广播电台也拥有自己的网站。近年来，中国国际广播电台英语广播在讲好中国故事方面进行了很多成功实践，积累了丰富经验。从 2016 年 1 月开始，中国国际广播电台英语中心的运作开始做媒体融合，虽然英语中心只有 150 人，但将生产流程、内容产品、传播手段、受众市场进行深度融合，将英语中心划分为对内和对外两大业务板块。对内以“轻松调频”为融媒品牌，除了一套全天 24 小时的广播节目在全国 7 座城市落地以外，同步拓展

---

① Jonathan Kern.Sound Reporting：the NPR Guide to Audio Journalism and Production，The University of Chicago Press：Chicago，America，2008：119.

网站、两微一端、媒体衍生品和线下主题活动等各种传播手段。对外围绕“ChinaPlus”这个融媒品牌组织所有的采编播内容生产和传播工作，将全球整频率落地、三个英文网站、英语移动客户端、社交媒体官号群、纪录片摄制和影视剧译制、线下公共外交活动等所有有效的传播手段纳入一盘棋。取名“ChinaPlus”(字面译为“中国+”)，正是基于“联结中外、沟通世界”之意。如何向世界客观真实地呈现一个愿为建设人类共同家园出力、再续新篇的负责任的中国，这是一项值得一代代媒体人付出毕生努力的事业。[①] 我国媒体在面向世界上其他国家开展国际传播，首先要面对的是“不同国家传播主体当解之惑，包括惯性思维、对接困惑、认知落差以及现实忧虑四个方面”。[②] 因此，我国国际广播新闻节目也要针对不同对象国的实际情况，找准利益交汇点，有的放矢开展传播。

总之，不管是记者还是编辑，他们都是广播新闻节目把关链上的重要环节。广播写作和内容编辑归根结底都是要符合美国公共广播电台的新闻价值观。广播报道的内容是为广播而写，即为“说”而写，为“讲好”故事而写。所以，编辑的目的和任务也是要为达到“故事好听”“受众爱听”的效果。美国公共广播电台非常重视故事的讲述，从一开始的寻找故事点子，到仔细甄选故事要素和精细搭建故事结构，目的都是力图通过不同寻常的讲故事的方法与手段来展现出精彩的故事，以求达到最佳的收听效果。好的报道总是能够吸引听众，让听众从头至尾参与到节目当中来。而这些好的报道都离不开编辑一遍一遍地如剃须刀般的打磨。

《华盛顿邮报》的出版商菲利普·L. 格雷厄姆（Philip L.Graham）曾经

---

① 周文韬，贾亮. 外宣：将国家比喻为一个人，与真挚、真实的人打交道效果最好——以中国国际广播电台英语广播讲好中国故事的创新传播为例［J］. 中国记者，2017（9）：64-66.

② 程曼丽．“一带一路”对外传播重在释疑解惑，http：//yuqing.people.com.cn/nl/2017/0519/c41516-29287525.html，2017-5-19.

说过，新闻是历史的第一遍草稿，那么广播新闻可以说是新闻的第一道草稿。广播新闻是一项严肃紧张、高度耗能、节奏飞快的工作。一个故事可能仅仅是在几个小时内就要被报道、撰写和制作好的。因此，必须在非常短的时间之内将每个故事合理恰当地编排在节目当中，并注意每个故事与其他报道和访谈的衔接。美国等西方国家广播电台对内容及其编辑的重视，值得我们借鉴，因为在任何节目中，内容都扮演着重要角色，甚至把控着节目的总体结构和走向。

第二节　节目编辑

如果说文稿编辑工作主要是集中在对文字内容的修改与打磨上，那么节目编辑工作则更多的是集中在对节目板块结构的推敲与建构上。说到西方国家广播电台广播新闻节目的编辑工作，下面是一个比较典型的公共广播电台的工作场景：

美国公共广播电台的 *All Things Considered* 节目，是在工作日下午 4 点 20 分开始播放的。主持人打电话给编辑，问下一篇报告中即将提到的波兰领导人的名字是怎样发音的。编辑听了后，让主持人稍微等一下。就在这时，一位记者打来电话说，四分钟后即将播出的报道概要需要做一点改动，第一个版本中有一个错误，她重写后很快就发过来。节目编辑马上把这一消息发送给即将要在广播上播报这篇报道概要的主持人："新版报道概要即将发送，旧版作废。"然后，编辑从一位制片人（制片人打电话给波兰大使馆）那里得到了波兰语名字的发音，并把名字发音发送给另一位仍在打电话的主持人，几秒钟后主持人就要在广播里念到这个名字了。然后，一位制片人走到节目编辑跟前说："我们有麻烦了。我做了你建议的所有删减，

但采访录音还是长了两分钟，这个录音必须在十五分钟内播完。”当编辑正在消化这个坏消息时，编导从导播室打来电话，问：“这个试播报的严肃程度有多高？如果我在它播完之后放一首音乐的话，可以是乐观积极的音乐吗？”编辑回答说：“没有死人，这篇报道是跟钱有关的事情。”这是编导需要知道的信息。接着，修改好的试播报开头语发到了编辑那儿，编辑在电脑上打开，并快速地将之阅读一遍，然后把这句话缩短一点，把报道第一段中出现过的、在后面又重复出现的短语删掉，把“lie”改为“lay”，以修正语法。改好之后，编辑把开头语打印成文字脚本，并大声喊着让某某某立即把它送到直播间去。然后，编辑又转向制片人，制片人还一直焦急地徘徊在那里，等着听编辑关于剪辑采访的建议，并问编辑：“我们能把节目中的背景历史部分剪掉吗？还是必须保留？让我听听节目最后几分钟的内容。”就在制片人正在电脑上听采访录音的时候，编辑的电脑上又出现了一条信息，这一次是一位副主持人发来的，他问：“你确定是 lay，而不是 lie 吗？”编辑回答说：“是的，有 80% 的把握。”

上面所有这些事情都可能是在三四分钟内完成的，而且这是在一个新闻流动尚可以控制的某一天的工作情形。从上面这个工作情形可以看出，不管外面发生了什么事情，编辑都是节目的神经中枢。他是编辑网络中的一个重要节点，这个编辑网络包括直播间、导播间、新闻编辑室、节目制作团队以及新闻的实际制作地点。

我国广播新闻节目信息量大，要怎么把来源广泛、内容繁杂、形式多样的一条条新闻组织成井然有序的有机整体，还需要依据一定的编排原则。一名优秀的广播新闻编辑既要有一定的政治理论素养和政治水平，也要掌握一定的编辑技巧和编排艺术，以达到最佳的新闻传播效果。正确的编排思想来自对整体形势和全局情况的把握、对实际情况的了解以及对新闻的认真分析。对于新闻要素的处理，编排新闻的编辑就显得尤为重要。编辑要下功夫研究新闻节目的内在规律、基本特征和编排制作的艺术。编排新闻节目要有重点、有目的性，要研究新闻配置和优化组合，注意新闻之间的内在联系，充分挖掘其蕴含的新闻价值，从而达到最佳的传播效果。[①]

一、广播新闻议程设置

议程设置理论最早是美国传播学者 M.E. 麦库姆斯和肖于 1972 年发表的论文《大众传播的议程设置功能》中提出来的。麦库姆斯和肖认为，大众传播具有一种为公众设置“议事日程”的功能，传媒的新闻报道和信息传达活动以赋予各种“议题”不同程度的显著性的方式，影响着人们对周围世界的“大事”及其重要性的判断。议程指的就是媒介对当前议题进行的选择，并对选中的事情进行不同程度的公开报道。议程设置理论强调的是，大众传播媒介对事物或意见的强调程度与受众对该事物或意见的重视程度成正比，受众会因为媒介提供的议程而改变对事物重要性的认识，对媒介认为重要的事情会首先采取行动。

广播作为一种重要的大众传播媒介，尤其是像英美等在全世界覆盖范围极其广泛的广播电台来说，每天选取什么样的新闻来进行报道、进行多大程度的报道，将对美国社会公众产生重要的议程设置影响。我国国际广播新闻节目在内容编排上也要考虑议程设置的问题，从长远来看，广播媒介的新闻议程设置通过一系列新闻报道活动将对人们产生长期的、综合的、宏观的社会效果。这也是为什么英美等西方国家广播电台对其在广播上播放的新闻都会采取严格的事先审核，而编辑就是这个审核过程中的重要一环。节目编辑需要考虑的是，每天的新闻节目内容是否正确、阵容安排是否合理，不同节目板块之间的衔接是否顺畅自然，是否报道了该

---

① 吕倩 . 关于电视新闻编排的审美学说［J］. 青年记者，2009（9）：75–76.

报道的事情。如果某一重要事件在电视或报纸等其他媒介上已经被报道了，那么广播再对该事件进行报道的话，编辑一定会要求广播报道要打破原有的新闻框架，要从不同于电视或报纸上的报道角度来报道，或者至少去探寻和深挖其他媒体在报道时没有对该新闻故事的其他侧面给予充分的报道。

在广播新闻内容的编排上，早间新闻节目同下午版或晚间版新闻节目的新闻议程可能大不相同。广播新闻节目要充分发挥“迅速”这一广播传播的突出优势，通过电话直接报道、现场直播等技术手段，准确、迅速、鲜明、生动地把刚刚或新近发生的新闻事件传播给听众。因此，无论是从新闻求“新”的特质，还是从广播传播“迅速”的特征来考虑，如何保证“第一时间”的传播速度，往往是广播新闻报道制作所要考虑的一个重要因素。所以，广播电台的工作人员可以试图预测新闻的发展方向，并提前做好各种准备工作。比如，在突发事件的新闻报道中，可以试着预测一下它的发展方向，先提出这样的问题：谁能就这一事件进行回应？可能的结果会是什么？突发事件中的民众首先需要了解的是哪些信息？

编辑在决定新闻节目内容取舍方面扮演着关键的角色，因为要在众多或少量的新闻中选取一些事件进行报道，那么编辑需要根据信息本身的价值以及整个新闻节目板块的结构安排来选取每一条新闻及其在节目中的播出次序。一般来说，凡是对社会和听众来说是重大的、新鲜的、有趣的、和听众生活接近的、有普遍意义的信息，要排在显著和突出的位置，而突出重点最重要的是选择好头条新闻。头条新闻代表一次节目的质量，代表当天的新闻传播主旨方向，它是否有吸引力直接影响到听众对节目的收听兴趣。头条新闻是一组新闻节目的龙头，起着提纲挈领的作用。所以，头条新闻一定是要有较高新闻价值的、有分量的、能够抓住听众注意力的、能够激发听众收听欲望的事件或信息。

突出重点还体现在一个新闻节目中要有若干条重点新闻，这些重点新闻围绕一个中心思想，选择不同角度进行的新闻报道，以造成一定的声势，形成传播矩阵。国际新闻传播和国内新闻传播有不同的特点，国际新闻传播要更贴近国外听众的实际生活和信息需求。因此，在选择重点新闻和头条新闻时，要做到主题鲜明、事实新鲜、引人入胜。

广播新闻节目是由一条条新闻组合而成的，它是以一个整体面貌而非零散的单条新闻面向听众的。因此，新闻节目在编排上不仅要考虑重要新闻或事件的选择，还要考虑整个节目的内容质量和可听性。编辑在编排时要合理巧妙地将各条新闻搭配排列，实现整体优化，使节目整体的播出效果大于单条新闻播出效果。许多新闻在内容上有着某种相关性或关联性，如同类、相近、相似，同向、异向，同质异向、同向异质，相伴相生、相辅相成等。将具有某种相关性的新闻编排在一起，有利于比较充分地反映这一事物或事件的发展状况，往往可以起到触类旁通、启发联想、加深印象等作用。编辑要善于通过这种恰当的组合使这种联系明确地体现出来，并通过新闻与新闻之间的联系和撞击产生新闻事实以外的意义。编辑在编排时，可以根据情况采用各种方法，既可以把同类题材或内容相近、有内在联系的新闻排列在一起，使之成为一期节目的重点；也可以把内容反差较大的新闻编排在一起，以鲜明的对比给听众留下深刻印象；还可以将同类题材排列在一起，组成一个综合新闻节目。[①]

当编辑认为某些新闻要包含在这一期的新闻节目当中，那么他要考虑如何将这些新闻与其他新闻或其他报道和访谈联系起来。也就是说，编辑要想办法把所有的新闻点都联系起来。有时候，这仅仅是通过在节目中把相关新闻聚合在一起就可以了，也就是把两个主题或问题相关的故事前后连在一起进行编排，让听众听到的两个主题或问题相关的新闻之间具有某种联系性。有时候，他也可以在连续的几天时间里，甚至在不同节目板块

① 肖峰．广播节目制作［M］．武汉：武汉大学出版社，2014：52.

里来安排如何报道同一个主题。比如，在某个上午的节目中他播放了一个采访，而这个采访与前一天晚上节目里播放的新闻故事是相关的。这样相关性或连续性的节目内容编排，在听众头脑中创建了一个帮助他们理解内容的模式，这比单独讲述这些内容时更容易被听众记住。

编辑从议程设置角度对节目内容板块进行编排的这种工作，听起来像是节目制片人的工作。的确，在西方国家，广播电台的广播新闻节目编辑和制片人的工作往往存在着重叠的部分。在一些广播电台和广播网站，这两项工作甚至可能由一个人来完成。由此可见，对新闻的选择在广播新闻制作过程中是极其重要的，它往往体现了一个新闻节目的舆论走向。

二、误差的校对

节目编辑所做的误差校对与前面的文稿编辑所做的工作的区别在于，文稿编辑更多的是按照广播写作的要求对词汇、句子、语法以及故事建构等方面进行核查与修改，关注的是语法结构是否正确、故事是否精彩；而误差校对除了要捕捉错误或遗漏之外，还要避免新闻中出现错误的观点。节目编辑作为广播新闻节目主持人与节目其他环节的中间连接者，主要需要关注的是新闻节目中与主持人相关的内容部分，特别是新闻节目内容预告语、主持人访谈和新闻报道的导语等。节目编辑在日常编辑工作中，常常需要注意以下这样的错误。

（1）由疏忽造成的错误

节目编辑要始终仔细检查姓名、地点、日期和数字。这些信息关乎节目的准确性，因此需要加以确认。比如，“600 亿（sixty billion）人口”可能是“600 万（sixty million）人口”，“2001 年”可能是“2021 年”，“前国会议员”可能他现在仍然是国会议员等。

（2）印刷排版的错误

比如，脚本里的单词可能会拼错，有时甚至是灾难性的拼写错误。有些人可能认为，单词拼写在广播脚本中并不重要。其实不然，比如，一个冷静地播报着新闻导语的主持人在下面这个句子里看到的是“pace”而不是“place”时，很可能没意识到有什么错误，但是，主持人看到的“今天晚上警方的调查进展到了一个不同的阶段（pace）”，其实是“今天晚上警方到了一个不同的地方（place）进行调查”！所以编辑也要认真校对，看看脚本里是否有印刷排版的错误。而且，为了避免造成不必要的误解，当一个脚本被一名记者或编辑修改过后，要把旧的内容进行有效的删除。

我国的广播新闻节目编辑更关注的是整个新闻节目是否多角度、全方位地呈现新闻，除了关注新闻事件报道本身外，还会更加关注事件产生的原因、背景以及与其他事件的联系等。因此，我国的广播新闻节目编辑更注重背景资料和相关报道的搜集与整理，包括新闻链接、背景或人物介绍、名词解释、政策解读、相关反映等，从多个角度来全方位展示事件或人物的主要特征，使节目内容厚重、信息丰富。比如，一项简单的集体舞活动会通过三个不同的视角来报道，不仅涉及艺术问题、教育问题，还涉及情感问题、社会问题，加强了报道的力度和深度，引人思考。但需要注意的是，新闻报道不是资料汇编，而是要讲究语言的生动性和文字的形象性，对新闻人物的介绍不求面面俱到，而是要力求突出特点。[①] 我国国际广播新闻节目的编辑除了在大的方向性问题上进行把关之外，还应该对新闻内容细节尤其是容易导致误解的错误以及新闻观点的正确性多多加以关注。

---

① 景兵．浅议广播新闻节目编排的创新［J］．中国编辑，2008（5）：52-56.

三、风格的协调

在对整个广播新闻节目的音频进行编辑时，节目编辑要做的大部分工作并不是要修正错误本身，而是要使整个稿件（即整个节目）拥有一致的风格。我国国际广播在制作新闻节目时，要善于利用来源于不同信息源的资料。主持人、记者、制片人、编辑等各个岗位的工作人员各司其职，但是一个新闻节目需要各个岗位的工作人员通力合作、共同参与，才能使一档新闻节目从头到尾在内容和语气上听起来都协调一致。为了做到这一点，编辑需要采取一些方法使整个新闻节目听起来具有连贯性。

（1）顺序编排，控制冗余度

一个广播新闻节目中包含多条新闻，为了确保每一条新闻都可以吸引听众的注意力，在对这些新闻事件进行编排时要遵循循序渐进、高低起伏、错落有致的原则。这些编排可以较长时间维护听众注意力的集中，避免听众出现听觉疲劳。编辑还要确保相同的信息不会在两个不同的地方重复出现。比如，在前面的新闻节目里有提到某个事件，后面再提起这一事件时，可以根据事件的最新发展补充相关重要信息，没有必要把之前的信息又重复说一遍，如果听众听到同样的信息被重复两遍，可能就会转而换台，或关掉收音机。再如，“台风已过去 5 天”“某国的新总统已经就任 11 天”，记者可能以为这些时间信息很重要，但其实这些都是冗余信息。广播新闻在编排时，要控制好信息冗余度，以免使听众觉得节目拖沓无力，从而产生疲倦心理。

（2）稿件风格协调

一个广播新闻节目是由多个新闻事件报道组成的，节目编辑要负责将所有不同的新闻事件稿件均衡地建构在一起，这些稿件便是广播新闻节目的脚本。这些脚本的文本格式需要规范，比如字体、行间距、大小写等要一致。另外，更主要的是，各个新闻事件报道之间的风格要协调一致。因此，节目编辑要考虑不同稿件之间的风格差异，必要时还需要修改稿件中的一些风格差异。主持人习惯于根据自己的声音风格来写作，如果是其他人帮主持人撰写稿件，那么编辑要知道哪些词和短语是主持人永远不会在说话时使用的。其他稿件撰写者可能并不知道主持人的说话风格和言语特点，因此，节目编辑在处理新闻稿件时，要使它们都符合主持人的言语风格和特点。

（3）读音标注

真正了解艺术、阿富汗或亚原子粒子的记者和编辑们可能不假思索就知道 Magdalena abakanowica 这个名字如何发音，或者谈到瓦克汉走廊和帕米尔山结时，知道要强调哪个音节。但是，其他的人在这些情形下未必都知道这些词怎么正确发音。因此，编辑作为稿件进入直播室前审阅稿件的最后一个人，有责任确保一些不同寻常的人名、地名和事物都标有可靠和易懂的发音。有时，为了解这些词的发音，编辑常常要求助于一些圈内专家或其他能够帮助他找到正确发音的人。一旦编辑知道这个词怎么发音，如果他不确定主持人是否会理解他在脚本上标注的发音，那么还要大声读给主持人听，以确保主持人知道正确的发音。

（4）节目内容连贯

在重大新闻报道中，节目编辑要写一段“伞骨架型”的导语，告诉人们接下来的新闻是什么，也为后一篇或后两篇的报道搭建平台。通过像发电报的方式，告诉听众节目接下来将会出现哪些内容。对广播而言，这种导语就像报纸的横幅标题和大张头版。有时，只需提到前一条新闻，就可以将两个新闻故事联系起来：“正如记者刚才所提到的，警察现在就在现场，……”或“正如我们在德布拉·阿莫斯的报道中所听到的，伊拉克立法者明天将开会……”如果把这些故事结合在一起的事实就在第一个报道里，这就特别有效了。这种编辑工作不仅是文字层面上的，而且是让听众参与到节目当中来的一个重要环节。如果听众觉得下一件事合乎逻辑地回

答了他们之前可能提出的问题，这会让他们着迷。这有助于让听众感觉到，他们在广播里听到的东西正在引导他们去理解这些材料的内容。如果导语上下脱节，那么就很难起到这种对听众的引导作用，而且节目内容的呈现听起来会没有什么逻辑性。如果把两个确实互不匹配的新闻内容联系在一起，听起来会让听众觉得主持人非常愚蠢。因为生硬地将不相干的两件事情拼在一起，可能听起来让人觉得矫揉造作。如果实在是要将这两件事情放在一起，那么在前一个新闻事件播报完之后，中间可以用一小段音乐作为与下一个事件报道之间的衔接。不过，编辑建议这种方法也不能滥用。

（5）有个好开头

节目编辑总是要想方设法把别的编辑、制片人或记者撰写的节目内容或脚本修改得更加生动有力。有时，编辑要把新闻移到导语开头或稿件中间的位置。从下面两段话来看，第二段话比第一段话更具有时效性。新闻的一个本质特征就是“新近性”，从新近性来看，第二段话的开头是一个较近时间发生的新闻事件，而第一段话的开头是新闻调整以前的表达。第二段话比第一段话更具时效性。下面是一位制片人编写的脚本的开头部分，以及节目编辑重新调整后的版本，目的是使第一句话更具时效性：

The first hand transplant performed in the United States took place last weekend at Louisville Jewish Hospital in Kentucky.The donor hand was attached two inches above the wrist.The recipient was a 37-year-old New Jersey man who lost his hand in a fireworks accident……

美国第一次人手移植手术是在上周末在肯塔基州的路易斯维尔犹太医院进行的。捐献者的手被接在接受移植者手腕上方两英寸处。这名接受人手移植者是一名 37 岁的新泽西男子，他在一次烟花事故中失去了自己的手臂……

The recipient of America's first hand transplant has already wiggled one of his new fingers.The operation was performed last weekend at Louisville Jewish Hospital in Kentucky.The patient was 37-year-old Matthew David Scott of New Jersey, who lost his hand in a fireworks accident.[①]

美国第一次人手移植手术的接受者已经扭动了他的一根新手指。这一手术是上周末在肯塔基州的路易斯维尔犹太医院进行的。这名接受人手移植者是一名 37 岁的新泽西男子，他在一次烟花事故中失去了自己的手臂……

有时，要完善一个导语，编辑需要增加一根引线来引导听众，比如设置场景，特别是当上一篇报道或者采访是关于一个不同的主题或发生在其他一个完全不同的地方时。比如，有一个导语是这样的："今天在芝加哥举行的工会会议上，卡车工会主席詹姆斯霍法呼吁政府改变对卡车运输重新监管的立场。"编辑可以在这里添加一个简短的标题式的句子，类似于"今天，在芝加哥，卡车工会的负责人与政府进行了交涉。"这样听众就会知道上个新闻已经结束，并且很清楚地知道接下来的这个新闻故事发生在哪里、讲的是什么。

记者在录制完自己的新闻报道之后，可能这条新闻还有新近的发展，那么他可以通过新闻内容来使他的导语更加尖锐。一些记者实际上会在他们的导语中添加一条注释，来作为对节目编辑的提醒，比如，"被野火摧毁的英亩数的最新数字更新了。"这通常是一个好办法，尤其是针对一个正在

---

① Kern, John.Sound Reporting: the Guide to Audio Journalism and Production [M] . Chicago: University of Chicago Press, 2008: 277.

发生的新闻故事，节目编辑需要向记者本人或他的编辑确认，或至少要浏览一下新闻通讯社的文章，看看导语中的信息是否有变化，或者是否有应该添加的新内容。

当编辑修改一篇并不是他自己写的新闻报道中的新闻导语时，有可能会把导语改得更糟糕，所以编辑在修改时要非常小心。编辑一定要确保他没有掩盖或消除一个重要的事实或措辞。哪怕他有一点点疑惑，担心可能会把事情搞砸，那么他一定要去问问记者，这是谁写的导语，看看他所做的任何一点变动是否符合原来所要表达的意思。

事实上，有时在导语中添加新闻，甚至是突发新闻，会对听众产生不良影响，除非编辑对新的新闻进展有详细的了解。以下面这篇导语为例：

> In Baghdad today, hundreds of Shiite pilgrims were killed when the rails of a bridge they were passing over collapsed.Hundreds of thousands of Shiites had gathered at a mosque in the north of the city for a religious festival when rumors circulated of a suicide bomber. That led to a stampede across the bridge.Many of those killed were women and children.The incident comes amid a deep Sunni–Shiite dived over Iraq's draft constitution.Sunni leaders have called for rejection of the document in a referendum in October.NPR's reports.[①]
>
> 今天，在巴格达，数百名什叶派朝圣者在经过一座桥时，因桥梁栏杆倒塌而丧生。成千上万名什叶派教徒聚集在城市北部的一座清真寺参加宗教节日，当时有传言说发生了自杀式炸弹袭击，因此导致了这场桥梁踩踏倒塌事件。许多受害者是妇女和儿

① Kern, John.Sound Reporting: the Guide to Audio Journalism and Production[M]. Chicago: University of Chicago Press, 2008: 278.

> 童。事件发生之际，逊尼派与什叶派在伊拉克宪法草案问题上存在深刻分歧。逊尼派领导人呼吁在10月份的公投中否决该文件。
>
> 公共广播报道。

在这里，这位节目编辑已经有了一篇关于伊拉克宪法的报道，但在紧迫的交稿的压力下，编辑试图把桥梁倒塌的新闻也插入导语中。但结果是，这成了一种新闻诱饵，听众以为他们后面将听到更多地关于这场桥梁倒塌事故的详情，而不是听到逊尼派选民登记运动的消息。假设不可能让一名记者在线提供桥梁事件的最新消息，节目编辑就会将这两条新闻分开，并为主持人这样写道，比如，"……许多受害者是妇女和儿童。一旦我们的记者到达现场，我们将马上为您提供更多的相关报道。[暂停]伊拉克人离新宪法的投票只有两个月的时间……"不能仅仅因为两个事件发生在同一地区，就意味着可以把它们合并为一个故事，或同时放在同一条导语里。

（6）改变导语的套用公式

激活脚本的一个方法是，在节目内告示语中使用不同的讲故事的方法。西方电台新闻节目的大多数记者（和他们的编辑）通常是在他们的内容告示语后面以这么一句来结尾，比如，"公共广播珍妮特·约翰逊报道。"或"以上是KXWZ成员电台的道格·戴维森的报道。"但是有很多排列方式可以改变这种套用格式。美国公共广播电台 *All Things Considered* 节目的主持人罗伯特·西格尔多年来一直与许多编辑合作，他提出了以下备选方案①：

> — 把导入报道的信息放在句子的开头："约翰·唐从芝加哥

① Kern, John.Sound Reporting: the Guide to Audio Journalism and Production [M]. Chicago: University of Chicago Press, 2008: 280.

报道说，罢工者不太可能在短期内重返工作岗位。”

——让记者待在报道现场，并说明那里发生了什么：“约翰·唐在芝加哥，那里的罢工者说他们不会再回去工作了。”

——将消息出处插到导入报道的句子中：“罢工已经持续了两周，正如约翰·唐从芝加哥发来的报道，罢工还没有结束的迹象。”

——把地点和记者分开。“这次罢工是芝加哥一年来最大的一次罢工。工厂已经关闭了两周，约翰·唐报道说，罢工还没有结束的迹象。”

当有两个相互关联的新闻报道时，还有另外一个打破常规的导语格式的方法，那就是完全不要导语，直接让听众知道他们将听到的内容，比如：

我们有两名记者。首先，是公共广播的杰克·斯皮尔对福特情况的报道。

然后，可以让第二篇报道直接以记者的身份说明来开始：

斯皮尔：……杰克·斯皮尔，公共广播新闻，华盛顿报道。

兰菲特：我是底特律的弗兰克·兰菲特。工会过去常常为他们的会员赢得福利……

以上记者之间的这种交接必须事先安排好，或者至少要及时让第二名记者在开场白中直接说明他的身份。

以上是节目编辑为广播脚本润色的一些方法和技巧。西方国家广播电台的节目编辑除了要做以上这些工作之外，有时还需要全程旁听主持人对客人的采访过程，并与制片人和主持人一起探讨，以确保访谈是有重点的、有信息量的、有趣味性的。在旁听过程中，编辑要仔细聆听，确保主持人向客人提出的问题具有挑战性，确保各种相关信息都得到了说明或澄清。编辑或许会做笔记，以提醒自己这个采访中哪一部分特别好或哪一部分可以删除，以便采访结束后与制片人、主持人一起探讨。当主持人就政治问题进行采访时，尤其如果是对抗性采访时，采访话题可能不像主持人所希望的那样直言不讳，编辑的工作是帮助主持人抓住细节。主持人必须把注意力集中在谈话的流程上和下一个提问上，所以多一双编辑的耳朵是很有帮助的。

在旁听采访之前，编辑还要明确采访过程中要有怎样的一条叙事线，要怎样提问和安排及提问的顺序来构建这一叙事线。西方电台广播新闻节目的许多编辑都会帮忙给新闻导语或采访问题进行润色，或者至少与主持人和制片人一起探讨提问路线。在采访过程中，编辑可能想和主持人交谈，那就是当客人或主持人说了一些他知道是不正确的事实的时候。如果是现场采访，他可以提示主持人马上纠正错误陈述；如果是录制采访，他可以要求主持人纠正并重复提问或重新陈述，这样客人就不会重复同样的错误。（否则，更正通常可以在稍后进行，比如在采访之后，但要当客人仍然可以听到这个更正的时候提出更正要求。）一旦录音采访结束，编辑就要准备好提出编辑建议。当编辑听了足够多的采访后，他可以估算到三分钟、四分钟或五分钟的时间里可以塞多少内容进去，他可以帮助制片人确保关键内容都在预算的时间里得到了呈现。在采访结束后，编辑会听一下采访的内容，检查内容编辑和制作的完整性。信息丰富吗？有趣吗？节奏对吗？特别会注意到制片人使劲压缩了的客人的回答那部分内容。他经常会听到长句子的语法不小心被弄错了，或者他会听到一些没有被剪掉的采访预热时的内容。（比如，“As I mentioned”中的“mentioned”被剪掉了，或者“she”前面没有先行词，他不知道这个“she”是指谁。）编辑还会检查采

访的时间长短，以确保采访时间是在预估的时间长度范围内。

在西方国家广播电台，节目编辑就像主管，任何节目编辑都扮演着重要的管理角色，不管他拥有什么样的头衔。编辑代表他的工作人员参加编辑会议，经常与其他高级编辑和制片人进行交涉。例如，如果他想把记者采访录音多播出一分钟，他可能得请另一位编辑或制片人把主持人播报音剪掉三十秒钟；如果他想在主持人播报的后面放一段记者的采访录音，他可能需要让一位记者省略掉与主持人连线报道的一小段，或者重新组织一下新闻故事，这样新闻播报正好在记者采访开始的时间结束了。编辑的这些谈判都需要一些策略和方法，编辑需要学会如何与其他编辑和部门的头儿打交道，让他们与他合作，而不是与他作对。这就像参加一个大舞会，每个人都有一支他们非常熟悉的舞蹈，而编辑要和每个人跳舞。所以编辑得想办法，和这个人一起要跳伦巴舞，和那个人一起要跳华尔兹，和第三个人一起要跳林迪舞。从根本上讲，编辑在很大程度上负责广播内容的质量把控，需要展示出真正的领导力。在一天或一周的时间里，他会有很多机会分享他对其他工作人员的决定和看法，而且在这个过程中，编辑还得培训年轻或经验较少的员工，教他们一些新闻写作和新闻制作方面的基础知识。

总之，在美国等西方国家广播电台，编辑的工作职责主要包括：监督和塑造广播节目的新闻内容，编辑所有为主持人而写的脚本，决定新闻内容的剪辑方式等。由于工作重点的不同，编辑有文稿编辑和节目编辑的区别，但两者之间并无严格的界限。文稿编辑主要负责新闻稿件的文字编辑，确保文字语法的正确性与新闻内容的正确性，所以文稿编辑常常是某一特定领域的专家；而节目编辑主要负责新闻节目的整体性、连接性，他通常是主持人与广播节目其他环节的连接者，除了关注节目中与主持人相关的内容部分，特别是节目的内容告示语、主持人访谈和新闻报道导语之外，还要负责广播节目板块中不同新闻故事的编排以及不同新闻节目板块之间的衔接等，所以节目编辑是一位通才，各种各样不同的东西都要懂一点，而且在必要的时候知道在哪里可以快速获取到更多的资料和信息。

在美国公共广播电台新闻节目制作过程中，不管是文稿编辑还是节目编辑，都发挥着重要的把关人的作用，负责维护广播新闻节目和广播新闻机构的新闻标准，对节目的新闻内容的选择、节目的时间长短、节目内容的剪辑方式和编排方式等，都有重要的决策权。编辑所做的虽然都是幕后工作，但是工作涵盖的范围既广泛又具体，小到字词语法，大到新闻观点，在内容上层层把关。听众在广播里所听到的内容，都是经过编辑的层层筛选、修改、加工后输送出去的信息，都是符合把关人新闻价值观的、符合听众收听习惯和收听兴趣的内容。西方国家广播电台在编辑过程中的严谨与细致程度值得我们借鉴。

要把我国国际广播新闻节目做得有声有色、富有个性，除了要有与其他媒体相比更加快速、及时的报道，还要通过对新闻报道节目的整体规划来展现节目特色，特别是要努力探究像观念碰撞、文化差异、矛盾冲突、利益纠葛等复杂事件背后的深层次原因并加以分析和评判，从而加强对重大事件的准确报道和舆论引导能力。

第五章
广播新闻播报

新闻播报是将新闻采写和编辑的最终成果在广播上给听众展示的环节，是由播音员、主持人与技术人员一起完成的。在新闻播报的过程中，播音员或主持人的业务水平和能力显得更为重要，播音员或主持人对新闻的二度创作及其新闻播报质量会直接影响广播新闻的传播效果。新闻播报不仅仅是对事实的阐述，也不仅仅是对稿件的朗读，它是广播新闻主持人业务水平和新闻素养的体现。因此，新闻播报既要求主持人或播音员要有对新闻的驾驭能力和语言表达能力，又要求主持人或播音员能够深刻理解新闻稿件内容，准确把握稿件思想，在经过主持人或播音员的二次创作后再将稿件内容传达给广大听众。相比国内广播新闻播报要求声音庄重而不失灵活、权威又具有思想性，国际广播新闻播报则更需要在权威性、思想性的基础上，体现出更加口语化、大众化、个性化的语言表达方式。

西方国家广播电台的主持人在主持广播新闻节目时，就像是坐在一张大型宴会桌前，一桌的客人形形色色，客人之间相互都不认识，不一定会说同一种语言，甚至他们谁都不喜欢谁，而一名主持人的工作就是要确保每一个人在聚会上都有愉快的时光，每个人离开时都会受到启发，而且主持人在这个聚会上可以让谈话不断地继续下去。这个比喻很形象地描绘了主持人在广播节目中的功能与作用。主持人在节目播出过程中处于主导地位，是节目的灵魂，并把节目中不同的人物、故事、内容、板块等完美地组织和联结起来。

在西方国家，新闻节目多实行主持人中心制，主持人不但参与对节目的策划与选题，还负责对整个节目过程中的内容进行选择和推进。我国实行主持人中心制的只有少数台和少数栏目，多数台与多数栏目仍然是编播合作型的。在编播合作型的节目中，记者、编辑、主持人是分工合作的。主持人参与部分采编工作，熟悉节目意图，在不违背节目意图的前提下可以对编辑编写的稿件进行润色修改，使之更符合主持人自己的语言特点，但主持人不参与节目的策划、选题等，不对节目负责，也不对节目制作团体负责，在节目中起决策作用的是编辑。这种类型的主持人和“主持人负责制”中的主持人相比，缺少了对节目意图的决定权和对材料的取舍权，但是这种编播合作型的节目的优点是，记者、编辑、主持人可以各自扬其所长，避其所短。只要编辑和主持人相互配合、相互适应，也可以收到较好的效果。这类节目会长期与采编播合一的节目形式并存。

我国还存在不少采编播分离的主持人节目制度。主持人不参与采编，对节目的整体面貌不是非常清楚。主持人仅用提示器思维方式来工作，前期采访由记者来做，节目的主题由编辑来想，主要的串联则由编辑来写，主持人在大多数情况下只是一个读稿人。这就很容易造成编播脱节，造成主持人对所主持的节目的内容不甚了解，语言风格与节目不契合。这主要还是主持人节目运作机制问题，这个问题也有待改进。我国如果要推行主持人中心制，还需要大大提高主持人在采编环节的能力，这需要主持人具有扎实的新闻采访与新闻写作等方面的知识与能力，提高职业文化素养和新闻理论水平。

西方国家广播新闻节目的主持人在综合素养上要求较高，他们在节目中有许多共同的特征。比如，他们都是技艺高超的擅长讲故事的老手，他

们有敏锐的判断力，清楚什么东西需要去解释，什么事实可以被忽略，以及如何设置“悬念”让人们等待故事的结尾。他们能够向受访者、记者和评论员做出简明扼要的新闻概述。与访谈者交谈时，主持人不会在讨论中占据主导地位，或吸引不应有的别人对自己的关注。他们会把注意力集中在受访者必须说的话上。他们也会认真地倾听，知道如何提出深思熟虑的问题来挖掘出人们内心深处的想法。他们说话流利、声音悦耳，即使在好几个小时没睡觉、没吃东西这样的情况下，他们也始终保持着，或者至少看起来是始终保持着满满的能量和专注力。这就是主持人和普通人的差别。

在西方国家，广播电台新闻节目的主持人常常也是经验丰富的记者。丰富的记者经历使他们的采访非常亲切，而且涉及很多领域。他们在各自的节目中扮演重要的编辑角色，帮助决定当天、一周之内以及未来几个月的报道内容。他们将网络拟人化，并赋予它声音。因此，当新闻爆发时，不管是灾难性新闻还是悲伤的事件，听众都依赖主持人为他们提供信息。在美国听众的心目中，公共电台主持人的形象是诚实、可信、多才多艺、机智敏捷、口齿清晰、不屈不挠，时而强硬，时而给人带来宽慰，时而异想天开，时而滑稽搞笑，而且是一直值得信赖的。我国国际广播新闻节目主持人还需要不断加强自身新闻素养，才能在国外受众心目中树立起一种既权威又亲切的形象。

第一节　主持人新闻采访

由于中外广播新闻节目主持人制度有所差异，我国的广播新闻节目主持人可能更多的是对新闻稿件的二次创作、稿件朗读与新闻播报，而西方国家的广播新闻节目多实行主持人中心制，主持人经常和电台的高级制片人和高级编辑一起探讨节目的内容建构与编排风格，是电台编辑团队中不可或缺的一分子。从某种程度上说，美国等西方国家广播电台的主持人是广播节目的指南针和灵魂。美国公共广播电台对广播新闻节目主持人角色是这么界定的："主持人的每一天，从渴望得到故事开始，从思考如何提问开始。关于新闻故事和采访应该如何聚焦，以及在当天的采访中应包括哪些内容，他们都有自己的想法。他们有效地辩论，哪些故事对听众有意义，哪些故事需要得到更多的关注，哪些故事值得重复播报，以及哪些故事需要及时更新最新消息。他们知道强大编辑能力的价值。"①

因此，我国国际广播新闻节目主持人要与国外广播新闻节目主持人的业务能力相抗衡的话，还需要加强广播新闻节目主持人在节目策划、新闻选题、新闻采访、稿件撰写、稿件编辑、新闻播报等各方面的能力，这无疑对我国国际广播新闻节目主持人提出了更高的挑战。主持人要给自己播报的新闻报道赋予思想和生命力，对其他人提供的新闻信息进行筛选。而且主持人也可以多去实地采访，这种训练可以提升主持人的新闻素养，学会如何去挖掘值得报道的新闻事件或其他好点子。如果要让主持人去进行某个采访，那么要事先告知他们为什么要去进行这个采访、这个采访中有什么可报道的焦点等。虽然西方国家广播电台的主持人对要播报的新闻内容有较大的选择权，但是，他们一般都会与编辑和制片人合作，而不是跟他们作对。对于制片人想要报道的新闻故事，而且这个故事本身没有道义上的异议，那么主持人一般都不会否决，而是会尽力去把这个故事的报道做到最好。主持人的采访可能会涉及任何话题，这些话题中有些可能是主持人不熟悉的领域，这就需要主持人事先做好扎实的准备工作。

① Kern, John.Sound Reporting: the Guide to Audio Journalism and Production [M]. Chicago: University of Chicago Press, 2008: 142.

一、准备工作

主持人要在节目中讨论大量不同主题的新闻，虽然听众在广播电台上听主持人说起来似乎是不费吹灰之力，但其实是需要主持人前期做好大量准备工作的。一个成功的主持人在谈论爵士或棒球时，必须像谈论核武器或种族歧视一样令人可信，而且主持人必须能够在广播里不动声色地对他们自己的表现进行相应调整。特别是主持大杂烩式的综合新闻节目，关键是要做好准备。主持人一般要在节目开播前的几个小时甚至更早就开始工作。比如，先坐下来，分析那一天的节目中他认为最难的是哪场采访。所谓难，也就是说，或许是要和不认识的人交谈，或者谈论的是他不熟悉的话题，或者要谈论的那件事情在一天中会发生很大的变化。这些觉得困难的部分，主持人首先要做好准备，要确保手头上有做好这个采访所需要的所有材料，然后开始倒计时。硬新闻的采访常常需要做最精心的规划和研究。当主持人知道马上要对某个主题的新闻事件进行采访时，就要尽力去研读与之相关的信息，查看一些权威通讯社报道以及报纸上的所有相关文章，因为报道的主题可能涉及截然不同的领域，从朝鲜到大规模杀伤性武器，从农业到巴西问题等。如果有足够的时间，主持人最好还要同将要报道这个话题相关的记者或编辑交流信息和建议。当广播新闻主持人一天的节目里包含了各种各样的话题时，那么一个最方便快捷的办法就是从新闻通讯社、制片人、编辑、记者或者图书馆那里去搜集信息，因为主持人需要尽可能多的可靠途径来获取相关信息。

西方国家广播新闻节目的主持人还会同高级编辑、高级制片人或节目负责人商讨，对节目访谈的重点达成一致。主持人会明确每次采访中都想达到什么目的，该用什么语气，对新闻事件进行哪几个角度的分析，要追求怎样的故事“色彩”。西方国家广播电台新闻节目主持人所做的采访与记者所做的采访有所不同。节目主持人采访的对象一般是提前邀约好的，采访的形式多是电话采访或受访者到电台直播间与主持人面对面接受采访。而记者通常是去新闻发生地寻找可以接受采访的人，通过新闻发生地的现场采访来获得报道的素材。记者一次 10~15 分钟的采访谈话录音可能在终稿中变成只有两到三个现场采访录音，总计大概有 45 秒钟或一分钟。而节目主持人所做的采访具有独立性，而且是最终新闻报道版本中的一部分。这种差异几乎影响到采访的各个方面，并且要求主持人具备优秀的新闻采写能力和表演技能。主持人不仅知道如何快速建立良好的关系（不管是在面对面交谈中还是通过卫星通讯进行交谈），还要知道如何获得受访者的信任，如何引导谈话走向，如何在不冒犯受访者和听众的情况下提出具有挑衅性和挑战性的问题，如何添加信息而不打断采访的流程，如何引出新的信息、见解和令人难忘的故事，如何让本质上是人为的场景听起来情况紧急而又真实，以及如何充当听众的代言人。

主持人在采访开始前要花一点时间让被采访者感到舒服，尤其是当他们准备采访的对象不习惯上广播讲话的时候。当主持人要在广播新闻中做电话采访的时候，可以自己亲自给受访者拨打电话，这样他会给受访者留下一个更亲和与积极的印象。主持人可以先随意地与受访者聊一聊那些与采访无关的事情，或者先打个招呼，然后随意攀谈，这样会使受访者在录音之前习惯与主持人交谈。主持人一般在节目访谈正式开始之前，和受访者交谈 5~10 分钟。在这段时间里，主持人可以告诉受访者待会儿是如何做采访的，将要谈论的“关键”问题是什么，谈话的节奏是怎样的，两人之间的熟悉程度是怎样的，然后主持人可以给受访者讲一个自己的小故事，目的是给受访者做个示范，让受访者也可以给主持人讲讲故事。这些准备工作或热身运动的目的是让受访者感到放松，这样的话主持人计划要做的采访才可以尽可能无缝地开始。

主持人在采访正式开始前，要让受访者知道待会儿什么时候开始录音，同时也会暗示这个采访可以在多大程度上被编辑。比如，“我们现在要进

行 10~15 分钟的谈话，然后我们的谈话会被编辑成为一个 4 分半钟的节目，这个节目将在明天早上的广播中播放。如果你不喜欢你第一次的表达方式，那么可以再重录一遍。但是，我们俩人如果现在说得越简洁，那我们就越不需要后期的编辑。好吗？”另一方面，当时间真的很紧张的时候，如果主持人只有 4~5 分钟的时间来录制一个 4 分钟的采访节目，尤其是在现场直播的时候，那么他应该让受访者知道当时的情况，因此，受访者说话会更简洁一些。

无论是连续式的采访还是漫谈式的采访，采访实际需要的时长，都将取决于采访的话题、受访者情况以及主持人所做的准备时间。主持人采访的受访人一般是之前邀约好的，也就是之前做过预采访的客人，所以主持人手头会有受访者的信息，以及之前预采访过程中所发现的任何信息。这样的话，主持人可以在对该客人进行采访之前，先浏览一遍这些信息，以便为后面的访谈做好准备，提出更有针对性的问题。

二、采访过程

主持人采访与记者采访最明显的不同之处在于，在一个广播新闻主持人采访节目里，主持人的问题更有可能在广播里被听到。要使主持人的采访节目给国外听众留下深刻印象并令人难忘，主持人就必须在节目中提出高水平和高质量的问题。比如，这些问题是否具有洞察力、知识性、质疑性、巧妙性等。因此，主持人在进行采访前一般会事先列好一个问题清单，即准备在采访过程中向采访对象按什么顺序提哪些问题。

这些问题清单就是主持人在采访过程中的脚本，上面可能提前列出他想对采访对象提的问题。不过，采访的第一原则还是仔细倾听受访者在说什么，而不是按部就班地把注意力放在主持人之前写在纸上的下一个问题上。如果主持人听到采访对象所讲的信息可能把他引向别的地方，那么他的话题也需要跟随采访对象的回答做出相应调整。即使主持人还在脑子里构思着下一个问题，他也必须认真倾听受访者对他上一个问题的回答，如果有必要的话，还要进一步跟进。

主持人不要按照问题清单来一一提问的一个重要原因（尤其是当采访对象不是一位政治人物时）是，为了确保采访听起来像是一次谈话，而不是一次生硬的、审问式的问与答。尤其是在采访艺术家、音乐家、演员等的时候，让采访听起来自然轻松是非常重要的。让采访听起来很自然的一种方法就是根本不提问题。这样做的目的，是让主持人采访听起来更像日常谈话一样自然，有时候，主持人通过提问题所得到的采访对象的回答可能还不如采访对象自己叙述所带来的效果那么好。就好比我们在日常生活中一样，当我们与朋友或配偶交谈时，一聊就是几个小时，提的问题相对较少，所陈述的观点也只是松散地前后呼应。事实上，这就是节目主持人在广播之外的现实生活中通常与他人聊天的说话方式，这既是听众期待在广播中能听到的样子，也是广播采访要达到的效果。

广播新闻节目主持人最重要的一个角色就是引导听众了解到所有的主题和信息，也就是把关于同一主题的意见按照事件顺序联系起来。主持人也可以通过总结事件来加快采访的速度。比如，通过概括一系列事件，把采访“快速推进”，让听众听到下一个有趣的观点。在美国等一些西方国家广播电台的主持人采访节目里，一般会倾向于让主持人的态度强硬一些。在记者采访中，记者可能会努力取得受访者的信任，即使从个人角度而言记者可能会厌恶采访对象的观点立场或政治倾向。但在主持人采访中，主持人一般会在保持基本的礼貌基础上，对采访对象进行一场咄咄逼人的采访。当政治家或政府高级官员同意上广播时，他们知道他们可能会面临一些棘手而又令人尴尬的问题，所以，他们或者回避难以回答的问题，或者只是含糊其词，看似他们已经回答了问题，其实他们并没有回答。从主持人的角度来看，这种情况说明了一种进退两难的局面，尤其是当政府官员

或他的工作人员为采访设定了一定的时间限制时，主持人可能永远得不到一个明确的答案，所以主持人必须知道什么时候应该放弃。即使受访者不是政府官员，主持人也可以向他们提一些强硬的问题，主持人说话的强硬程度完全取决于他的准备程度。主持人必须知道在受访者变得沉默或敌视之前，如何推进问题。西方新闻媒体人通常认为，几乎在任何一次采访中，一定程度的质疑都是有用的元素。如何质疑权威又不会导致不愉快，可以说是西方广播电台主持人必须掌握的技巧。

虽然我国广播新闻节目中的采访一般是由记者来进行的，广播新闻节目中出现的采访通常也比较少，一般就一到两次。这与西方国家的广播新闻节目有较大差别，西方国家的广播新闻节目中一般有更多的采访，包括记者采访和主持人采访。这是我国国际广播新闻节目在今后的制作中需要考虑并力求改进和创新的一个重要方面。除了记者采访，国际广播新闻节目还要增加主持人采访在节目中所占的比重。为此，国际广播新闻节目亟须提高节目主持人的采访技术和采访技巧，尤其在设计采访问题上要多下功夫，力求使采访中所提的问题既简短又有针对性，既有洞察力又有一定的尖锐性。

第二节　主持人新闻编辑

西方国家许多广播新闻节目的采访都是录制后再来编辑的，而不是现场直播，主持人的采访也会在录制下来后再进行编辑，一些主持人会参与他们自己所做的采访的后期编辑工作。主持人通常会把他录好的采访节目给制片人和编辑来做剪辑，但是他说，如果他觉得他提出的某个问题是希望大多数听众能听到的，那么他希望这个问题一般能保留在采访节目中，即使制片人认为这个问题的答案里并没有提供实质性的信息。当主持人在主持节目的时候，他可能也想在节目播出之前听听剪辑好的采访录音。如果主持人对第一次的编辑结果不满意的话，那么他可以建议做修改。由此可见，主持人在对自己所做的采访录音的内容编辑上拥有较大的内容取舍权。在主持新闻杂志类节目时，主持人通常会为他的采访写个导语。根据节目的形式，他也可以写篇评论文章，或者每一个小时或每半个小时播放一次的节目内容预告或片花，或者是现场报道的故事脚本。即使他只是朗读别人写的报道或评论的导语，他也或多或少地会根据他自己的演讲风格对脚本进行修改，使之符合他的语言特点。这种修改和编辑大多是在录音室里进行的，有时甚至就在他朗读脚本的时候。主持人即使在直播节目结束后，仍然需要坚持更新节目内容。使节目在不同的时区持续播放，主持人需要不断地重复念着导语和重复做着访谈。对许多主持人来说，所有这些时间加起来相当于工作日要工作 10~12 个小时，有时甚至忙得只能让其他人带点东西到直播室来吃。报道是一件非常艰辛的工作，特别是当节目包含了需要不断更新的重大事件时。

无论是不是在现场完成编辑工作，成功的主持人访谈都会有一个开始、发展和结尾部分。他会想出一些问题来帮助推进对话的叙事结构。由于这个原因，每当他主持一个节目时，即使他在仔细倾听采访对象的回答的同时，也要思考他的下一个问题，他还要想着这个采访是否要被编辑，以及如何被编辑等问题。如果在一次录音访谈中清楚地发现某个答案在编辑过程中要被删除，他可能需要重新提一个问题来引出受访者的有效回答。但是，他这么做的时候，不要让采访对象看出主持人觉得他的回答是模糊的、无聊的，或者纯粹是浪费时间的。还有其他一些情形会让主持人想重新提一个新的问题，比如：采访对象花了一些时间才找到对问题回答的关键所在；回答了主持人的提问后，采访对象开始侃侃而谈其他话题；主持人的提问被其他噪声弄得听不清楚，那么主持人要重复一下他刚刚提过的问

题；或者电话线路信号不好，或者受访者的口音很重，或者两者兼而有之，主持人可能会重复一下采访对象对问题所作出的部分回答内容。不管怎样，主持人的职责之一就是让谈话更清晰、更容易理解，那么听众才会更容易接收到信息。

主持人在编辑自己的采访录音的过程中，要与制片人或其他负责人进行沟通，讨论哪些问答对话应该被剪掉。主持人在做采访的过程当中，也需要在头脑里先编辑一下，比如，哪个提问需要变一下，提问的语气需要如何处理，从这里开始切掉 7 分钟的录音，然后把这 7 分钟的录音用在别的地方。主持人知道把发生在几分钟之内的零散的采访片段如何缝合在一起，并使前后提问的语气能够相互衔接得上，避免提问语气的突然变化。无论是现场采访还是录音采访，主持人一般都会以一个总结性的提问与采访对象的回答来结束访谈，否则节目听起来会像突然中断了一样。主持人还要尽力想出一个“结束语”，一个能引出答案的提问，以便能使访谈以优雅的结尾来结束。

主持人除了编辑自己的采访录音之外，还需要对自己播报的新闻稿件进行编辑。有时候主持人手头上的新闻播报稿件是新闻撰稿人急匆匆地完成的，所以也容易出现一些错误。有些是小错误，有些可能是大错误（如报告说某公司出售了 1500 万股公司的股票，而实际上是 500 万股），而有些错误可能很严重（如把枪击案的受害者弄错了，或者错误地宣布一名犯罪分子被逮捕了等）。这就是为什么新闻播音员或主持人也应该注意检查新闻稿件，每一个词都要仔细推敲。

新闻播报节目中一条短讯的导语可能只有十到十二秒时长，相比之下，综合新闻节目中的新闻报道的导语可能有半分钟或四十五秒钟。这意味着新闻播报稿中要使用更新鲜、更准确、更栩栩如生的词语，用简单的、陈述性的句子来表述。所以，主持人要尽量直截了当地陈述事实，即经常就是用主—谓—宾结构，尽量一句话就表达一两个意思，不要在一句话中塞太多东西，并确保这些简单的句子里包含有实际意义的新闻内容。另外，新闻播音员或主持人必须和其他人一样遵循广播写作的原则，甚至是要比其他人更加遵守这些写作原则，尤其是写作要清晰、简洁、直观、易于理解。

不管是主持人对新闻稿件进行编辑，还是编辑等其他工作人员对新闻稿件进行编辑，其中重要的一点是，在编辑的时候要把听众想象成是“一个人”，而不是“一群人”。那个人可能是你的邻居、你的朋友、你的家人或者任何一个你不认识的人，这样的情景想象可以使你更像在生活当中说话那么自然，从而能够更好地将稿件内容用鲜活的言语（不是语言）表现出来，使得新闻话语更有亲近感。让听众听起来觉得很亲近，而不是有距离感甚至冷漠感，这一点对广播听众的信息接收和广播的传播效果来说都是非常重要的。因此，不仅是在新闻编辑过程中要注意到这一点，而且其实在一开始的新闻采写中就要这么去做。

第三节　主持人新闻播报

新闻播报是广播电台播音员的主要工作之一，广播节目的主持人经常也需要进行新闻播报。在国外，播音员和主持人的区别主要是，播音员主要是朗读稿件，而主持人除了要朗读稿件之外，还需要有更全面的采、编、播能力，比如擅长采访和引导谈话走向、善于讲故事、有敏锐的新闻判断力等。当然，理想的新闻播报也需要具有“叙事流”，就像讲一个故事一样，有开头、中间和结尾部分。

西方国家广播电台瞧不起只会“撕开嗓门念稿子”的播音员，即只会在广播里照着别人写好的稿子一字不变地念的人。他们认为，新闻播音员

播的新闻应该是他自己的作品，而不是路透社或美联社的新闻作者的作品。他应该符合他自己的准则，有他自己的风格，而当他一字不差地照念别人写的稿子时，他忽视了他自己的准则和风格。

我国广播电台对节目主持人的有声语言表达也很重视，毕竟主持人是以有声语言为主要工作方式的，因此主持人的声音魅力和语言能力很重要。为此，我国有不少院校开设了播音专业，对相关专业的学生进行普通话语音与播音发声基础的培训。科学训练发声技巧的方法包括“口部操”、“膈肌弹发”、“气泡音”练习、“绕口令”练习等，目的是将口腔、胸腔、腹腔等发音器官充分调动起来，有效调节音高、音色，使发出的声音更动听，从而有效塑造良好的声音形象。

西方国家广播电台同样也注重主持人声音形象的塑造。广播稿件朗读时要求使用肺、隔膜和声带，以及整个上半身的共鸣，包括胸腔、咽喉、嘴巴和上部头腔。这些部位受到的任何限制、压迫或收缩都会让声音听起来不那么好听。当一个人感到紧张时，他的声带会变得紧绷，这会提高他的音调，限制他的整个声带。为此，主持人在节目过程中要保持放松的状态。美国公共广播电台的播音培训师也会建议做一些躯体练习来“调整”声带，使声带保持协调性。比如：

（1）放松背部、颈部和下颚肌肉

下垂放松并转动肩膀和颈椎，然后做做嘴部操，目的是让身体放松。如果身体紧绷，那么就不能完美地发声了。

（2）在开始朗读之前，先做几次深呼吸

当主持人进入直播间时，先深深地叹口气，即做深呼吸，叹气时要发出声音，然后才开始说话。从三开始倒计时，用每一个数字降低自己的声音。如果想为自己报道的第一个单词设置一个起始音高，这个音高或多或少是自己在平时日常生活中常用的说话时的音高。如果焦虑情绪使得音高上升，那么倒计时有时会让他的音高回到原来的位置。

（3）坐直，或者尝试着站起来。因为站起来说话，就可以尽可能地利用全身的共振

播音培训师还建议主持人避免咖啡和香烟，认为咖啡会使人的声带变紧，吸烟会使声带变干。另外，还建议做各种声音训练，以解决特定的问题，比如气息不足、齿擦音，或吐字不清。就像大多数治疗方法都要求自律一样，声音练习的规定方法有很多，但实际的操练不太会按照规定的练习方法来做。坚持做声音练习，真的能使声音听起来不一样。

美国广播电台很多主持人在广播里讲话时是没有任何稿子的。唱片节目主持人（DJ）聊聊歌曲和艺术家、开开玩笑，体育播音员逐场播报足球比赛，脱口秀主持人和听众进行现场电话交谈，评论员讨论政治问题等，他们都不是照着事先准备好的稿子来念的。让・谢泼德是美国公共广播电台里一位幽默的、擅长讲故事的主持人，和已故的让・谢泼德一起工作过的人说，他常常只带张便条，上面写着几点注意事项，或者带着一篇报纸文章，或一个卡祖笛来到工作室。他从来没有使用过预先准备好的稿子，但他在广播里讲话的时间总共约5000个小时。在有些场合，比如在捐款活动、脱口秀节目、现场直播，或者有最新突发新闻的时候，公共电台的记者和主持人也得即兴播报，但大部分时间他们都是拿着自己写的稿子，或者别人为他们写好的稿子来进行播报的。因此，对正在广播行业工作或者希望进入广播行业工作的人来说，必须具备把自己或别人写的东西有声有色地读出来的这种能力。西方国家的电台记者或主持人工作意味着要有较强的表现能力，如果不具备这样的表现能力或者一点也不想去表演，可能意味着不适合从事这个行业的工作。

要在美国广播行业工作并不意味着一定要有一副能唱歌剧的好嗓子，或者一定要成为一名朗诵大师，只要能够写出适合自己嗓音的故事，成为擅长讲故事的人，同样可以在美国广播行业有好的发展。大多数听广播的听众都是以英语为母语的，过度强调发音并不是引起他们注意的最

好方法。只要是没有语言障碍或异常刺耳的嗓音的人，都有可能出现在广播里。有“表演基因”或“表演天赋”的人，多花时间进行发声训练，就会有助于他们朝着在广播行业工作的目标方向迈进。电台记者、主持人需要展现自己在现实生活中的声音，用同样的力度、节奏和音乐感来朗读。

许多记者都喜欢有人来指导他们朗读脚本，一个好的语音指导可以提醒他放松、坐直，并让他的声音融入他的故事里。但从长远来看，要想在广播里有效地传递信息，需要有好的听力，就像需要有好的声音一样。他需要能够在朗读时倾听自己的声音，并能识别出自己的声音什么时候听起来兴趣盎然和充满活力，什么时候需要自然地改变声音的节奏和音调，以及什么时候不需要调整他声音的节奏和音调。

语音指导会建议记者从听自己录的报道或评论开始。听的时候不要同时朗读脚本，光听着就行了。边听边问问自己，你听起来像是在说话还是在朗读？你有没有强调关键词？你是读得慢了一点，还是过于强调了那些需要突出的内容？你的音高听起来很自然吗？还是每个句子都有相同的“韵律”？

最重要的是，自己读出来后要能听到反馈，以便知道自己什么地方需要改变。如果做了改变，是否能收到更好的反馈信息呢？如果对自己的表现不满意，但不知道自己错在什么地方，那么就让别人来检验吧，并把别人的意见记录下来。然后，比较一下自己根据脚本来录音的版本和没有根据脚本来录音的版本，很可能自己就会听到一些明显的不同。在读脚本时，可能会发现自己总是把每句话的最后一个字重读，或者感觉到自己在发某些音时有些困难，或者觉得自己读得很单调。

最难识别的一种情况就是，如何判断自己是否以令人舒适的速度来朗读的。也就是说，对那些通过耳朵来吸收信息的听众来说，主持人、记者的朗读听起来是否令人很舒服。有些人天生说话语速非常快，有些人天生说话语速非常慢，他们可能需要改变他们平常的步伐，这样听众才不需要急匆匆地赶上他们的语速，或者对他们的拖拖拉拉感到不耐烦。有些难以调节自己说话速度的人可能真的需要别人给他们提出反馈意见。让说话速度快的人慢下来，他们会认为自己像蜗牛一样在爬行，其实他们可能还是说得太快了。如果主持人或记者想模仿某个人的语速，那么去找到那个人的脚本和他的录音报道，边听他的录音报道边跟着读。试着去感受，用一种更加悠闲的节奏朗读时是什么样的感觉。

广播电台对主持人和记者的声音表现力是非常重视的，因为要提高广播新闻报道的感染力，归根结底，就是要讲出好“听”的故事，以此来吸引受众。广播新闻主播和主持人通常仍然需要有悦耳的声音，知道如何让一篇文章生动起来，但他们不仅仅是朗读者，同时也是记者和编辑。电台其他工作人员的确为主持人写了一些脚本，但是主持人会在别人为他们写的脚本上进行修改，有时可能意味着只修改一两个字，有时也可能意味着全部重写。主持人在广播里说的东西可能都是他自己写的，或者至少是他自己编辑的。这表明，主持人与他所读的新闻内容两者之间是息息相关的，而且几乎每一篇新闻导语都代表着主持人与记者、编辑或制片人之间的合作。

在美国等西方国家的广播电台，没有哪个主持人认为他只是某种声音的象征。不管是播音员还是主持人，他们都不仅仅需要有好的声音，还需要具有良好的新闻素养，理解并认同其所属的广播电台新闻播报节目的价值观和原则，即符合美国的新闻价值观。要做好新闻播报，不光涉及播音员或主持人，还涉及制片人、记者和编辑，因为前期的新闻选择、稿件撰写、稿件编辑等，都关系到广播新闻播报的最终播出效果。正如公共广播所言，撰写新闻播报稿件是艺术与科学的结合，归根结底，新闻播报稿件还是要符合美国公共广播电台新闻节目的价值观，其新闻价值观念是建立在美国的立场和意识形态基础上的。

从某种程度上说，西方国家广播电台对播音员、主持人在发音准确性和语音悦耳性上的强调程度不如我国广播电台，因为国外广播电台的大多数听众都是本国听众，他们本身就是以英语为母语的人，所以过度强调发音并不是吸引听众的最好方法。只要是没有语言障碍或异常刺耳噪音的人，都有可能出现在广播里。相对于纯粹的发音等语言表达和声音要求，西方国家广播电台对播音员、主持人的新闻职业素养、表演能力和讲故事的能力会更重视一些。如今，我国广播节目主持人也越来越意识到主持中表演元素的重要性，认为主持人在具备新闻素养基础上加上适度恰当的表演元素，能够使其在节目中有更加自如的表现，使广播节目更富有表现力，也可以使内容更显活力和张力。

近年来，我国广播新闻的播报，越来越注意提高节目语言的效果，也越来越注意节目中各要素之间的关系。比如，在男女声的协调、速度的快慢、节奏的起伏、流畅程度、情绪状态等方面都注意符合新闻节目的要求。另外，也注重“播”与“说”的结合。“播”新闻趋向于严谨、端庄、规范，而“说”新闻则趋向于轻松、随意、贴近，更类似于日常口语。在广播新闻节目中更加注重“播说结合”，即根据稿件的不同内容、不同重要程度、不同感情基调、不同播出目的等来调节新闻播报的语言特色。重要的新闻、时政性新闻或评论、领导人活动、事故新闻等还是“播”的色彩重一些，这样会增强可行性、严肃性和权威性，其他生产生活新闻、文艺体育新闻等则多倾向于“说”的风格。这样的话，“播”与“说”的结合，严肃与轻松的协调才能使整档新闻节目成为完整的一体。[①]

① 肖峰. 广播节目制作［M］. 武汉：武汉大学出版社，2014：61-62.

第四节　主持现场直播节目

说到新闻传播，广播的最大优点之一就是它的即时性。广播电台的新闻节目几乎都是每隔一段时间就播放一次。比如，美国公共广播电台的新闻节目每小时播送一次，一天中的有些时段是每半小时播送一次，所以，听众从来不用等很长时间就能知道最新发生的新闻消息。当某一新闻事件在美国全国范围内具有重大意义时，公共广播及其成员电台，比如商业新闻广播公司等，都将会提供“特别报道”，这可能意味着要在录播节目中插入一个实时新闻报道，不间断地连续几个小时（甚至几天）维持“滚动报道”。

我国的中央人民广播电台于2008年8月25日也开始在“中国之声”节目中率先做了滚动新闻报道的改革，即从早晨6：30到晚上8：30，全天新闻像轮盘一样转动起来，每半小时滚动一次，其中早中晚原来的重点节目还存在，像6：30的《新闻和报纸摘要》、晚上的《新闻联播》镶嵌在其中，实现新闻全天滚动播放。改革后收到了明显效果，不仅受到听众的喜爱，收听率和市场份额也大幅增长。[①] 这种滚动报道可以给听众提供更多、更大量的信息，体现出新闻传播的快捷性。

录播和直播是广播新闻报道的两种常用手段。随着传媒市场竞争的日益激烈，广播对新闻事件的现场直播报道也越来越频繁，而且最体现新闻传播的时效性的莫过于新闻直播节目。直播，对于一个主持人来说，是存在一定“风险”的，这是由于在直播过程中存在众多不确定因素。要做好现场直播节目，主持人一定要事先做好充分的准备。我国广播节目主持人为了在直播中保持良好的状态，会尝试自己写策划、文案、搜集资料，这

① http：//www.cnr.cn/gundong/200909/t20090915-505472093.html，2013-12-16.

样的话会对整个直播节目内容的把握掌控于心，很多重要的或者有意思的细节也能够轻松地记住；同时，做好流程单，把控节目节奏变化，比如何时需要混入音乐来烘托气氛、何时淡出回归话题等，并对节目内容和背景都做好深入了解，把控好突发情况的处理。

主持这类没有脚本的新闻直播节目，比主持录播的新闻节目需要更强的灵活性和应变能力。近年来，现场直播报道越来越多地被运用在广播节目中。所谓的广播现场直播报道，是指新闻记者在新闻现场，直接用口头语言报道新闻事件。广播新闻的现场直播主要有三个特点：一是对事件及其发生、发展过程进行即时的直接播出，也就是播出与新闻事件的发生、发展同步；二是直播的主体内容是新闻性事件；三是直播的地点是新闻事件现场，是直播室以外的、新闻事件的发生地。[①] 在新闻事件的现场，记者通过现场采访、现场录音和口语叙述三位一体的报道方式，用声音在广播频率上描述和展现新闻事件，给人一种身临其境的现场感。与采制与播出存在一定时间差的录音报道相比，这种报道形式时效性更强，形式更加灵活多变，更符合新闻传播的规律和受众的接收习惯。

与报纸、电视相比，广播因为音频制作比较简单方便，在信息传递上占据了快速的优势。但是随着互联网的高度发展和网络媒体的迅速崛起，广播在时效性上的优势地位正在逐渐丧失。再加上一些广播记者编辑仍然习惯于传统的操作模式，从记者采访、写稿、领导审稿、录音制作，再到播出，时间跨度较长，很多动态的新闻题材被耽误成了“旧闻”，新闻题材被浪费。因此，越来越多的电台开始尝试现场直播报道形式，尽一切可能地在新闻事件一发生，就通过广播播出，将信息传递出去。与其他新闻形式相比，现场直播报道的特点明显，那就是快速和真实。快速体现在即时

---

① 李汉如，成红珍 . 论广播新闻现场直播及其特性［J］. 新闻前哨，2006（7）：10–12.

性上，现场直播报道是记者在新闻事件现场发出，最大限度地简化了采访、编辑、播音、播出一整套的新闻生产流程，时效性极强，有的甚至达到了几近播出与事件发生同步的效果。这种快速的新闻传播速度，符合互联网时代的新闻传播规律，能够最大限度地满足人们对于信息的诉求。真实体现在高度的现场还原性上：首先，记者在新闻事件现场，采访和观察到的都是第一手材料，减少了新闻事实在后期多次传播过程中可能产生的信息衰弱。其次，现场直播报道主要是记者在现场边看边说，加上一些现场音响和新闻相关人员的采访录音，一般不会对新闻事件进行太多的概括总结，减少人为损害新闻真实的环节，更好地还原新闻事实。最后，无论是记者还是被采访对象，在现场对新闻事件的感受最强烈，感情最真实，任何后续采访和追忆都无法完全复原。①

美国公共广播电台的 *Talk of the Nation* 节目就是一个直播节目，大部分时间主持人要接听从美国各地民众打来的电话，并在电话上进行新闻访谈。*Talk of the Nation* 节目的主持人一般是和一个制片人团队一起工作，制片人帮助提出故事点子，列出采访者列表，撰写节目中各个板块的脚本，并建议主持人提哪些问题。节目中有听众拨打进来的电话，每个节目板块的制作人通常也要做筛选听众电话的工作。但是，一旦直播室麦克风的灯亮了，那就意味着主持人要开始节目的直播工作了。*Talk of the Nation* 节目的主持人做了很多本该由新闻杂志类节目中的高级制片人或高级编辑来做的决策，就像其他主持人一样，他带着一张节目安排表和一份脚本走进直播室，但他知道，只要采访者一开始说话，或者只要他接起第一个听众电话时，原先的节目安排就有可能发生变化。

与制片人在编辑的监督下剪辑采访录音不同的是，脱口秀节目的采访是在节目正在进行的过程当中由主持人进行“编辑”的。美国公共广播电

① 程蕾．论现场直播报道对广播记者的要求［J］．采写编，2019（1）：111-113.

台 *Talk of the Nation* 节目的主持人柯南说："其中大多数是对节目节奏的把握，如果你自己感到无聊了，那么听众也会感到无聊。"出于这个原因，他可能会礼貌地打断一个受访者谈话，或者建议客人把看起来很长的回答压缩一下。"当某人说，'我有三点想说'，那么你应该马上说，'我们可能只有时间来谈论其中一点，那么哪一点是最重要的呢'？"如果此时正是某个节目板块即将结束的时候，主持人也可以让他们做"简短"回答或"在我们剩下的时间之内"做出回答。(正如在其他脱口秀节目中一样，受访者会被提示说，如果他们听到节目主题音乐响起，那就意味着节目所剩时间不多了。但柯南说，在电话那头的受访者是听不到节目主题音乐声的，所以主持人必须在播控室里自己主动地管理好时间。)另一方面，作为脱口秀节目主持人，他可能有时会决定将谈话时间延长到超出预算的时间。比如，他可能会让上一位访客继续说下去，即使当时本来应该是节目的中途休息时间，或者节目的下一个板块本来应该是接听另外一位访客的电话或是对另外一位访客进行采访的时间。当他做出这些决定时，他是无法跟播控室编导口头沟通的，因为他和客人正在播控室的电话里进行交谈。柯南说："这个时候几乎都是用手势来示意的。"通过用手在空中画个彩虹弧形，他的意思就是告诉播控室编导或播控室的工程师，他想要在节目中途休息时间不间断地让采访继续，而挥手再见的手势则意味着采访即将结束。

主持人每次从听众中筛选来电时，也会重新安排阵容。因为电话筛选工作人员提供了每个来电者的问题或评论的简略描述，(如堪萨斯州托皮卡市的萨利：为什么立法者要决定我是否可以吸烟？)柯南可以在电话中把谈话引导到某个方向上，或者提供相反的观点。有时来电者在接到电话时会想到他们想问的其他问题。柯南说："很多时候，你会选择他们在节目的某个时间说出某件事，但他们说的却是其他的事情。我要做的是重新表述他们的问题，并将之进行概括，然后回到我们想要谈论的事情上，因为我确实是出于某种原因才采访他们的。"*Talk of the Nation* 节目中使用的许多其他技巧也适用于其他现场直播节目。例如，当主持人在节目中有一位以上的客人时，他必须通过重新介绍他们来帮助广播听众将不同的客人区分开来："詹姆斯·理查德森，你对罗森博格女士关于政府在徒劳的研究上浪费了数十亿美元的说法有何看法？"如果多位客人都是相同性别的话，那么帮助听众区别到底是哪位客人在发言可能会特别困难。柯南建议说："永远不要同时介绍两位客人，比如说，'欢迎两位'，因为他们之间会互相打招呼说'嘿'！"他说，应该让听众有机会将声音与名字匹配起来。"你应该说，'乔安妮·史密斯，很高兴能邀请你到节目中来'，接着听众就可以听到乔安妮·史密斯的声音。'也欢迎莱斯利·琼斯……"，然后听众可以听到莱斯利·琼斯的声音。"

在直播节目中的言论不能像做录音采访时那样可以去对事实进行检验。因此，作为主持人，他必须积极地去质疑一些有争议的或煽动性的言论，比如要求其提供具体的证据，或迫使客人解释他从哪里得到的事实或数字。有时候他能做的就是，清楚地表明他不能为电话里客人的言论做担保。比如，当有人声称"没有一个州废除了隐匿携带枪支法"或"与其他种族和族裔群体总量相比，更多的非裔美国人感染艾滋病毒"。柯南说："你不要试图去对事实展开争论，这样会耗掉很多时间，而且也没有什么意义，没人想听这些争辩。"但他仍然可以在不确认言论精确性的情况下，将这些言论作为讨论的素材："菲奥雷先生，如果像苏珊·拉姆齐所说的那样，的确没有一个州废除了隐匿携带枪支法的话，那么你认为这是法律起作用的标志吗？"柯南总是试图以某种方法表明他无法去证实这一说法的准确性。"你说，'这可能是真的，也可能不是真的，但肯定不是只有他一个人这么认为。'或者，当你知道有些事情有争议，你可以说，'好吧，其他人可能会对这种看法有争议，但让我们对他的看法发表一下意见吧'。"这样做的目的仅仅是要明确地表明，某位发言者所说的"事实"并没有得到证实。"我至少要在听众的脑海中营造出这样的景象，那就是对这个问题有不止一

种的看法和解释。”

柯南主持 *Talk of the Nation* 节目（以及其他主要依赖于现场采访的广播节目）的其他一些技巧就是他所说的“采访基本技巧”，即一次问一个问题；组织好自己的问题，使这些问题有逻辑性和叙事性；倾听客人说话。在西方国家广播电台，与主持 *Talk of the Nation* 节目相比，主持其他一些现场直播可能会有更多的准备时间。比如，为一些特别报道（国会选举、总统的国情咨文或者最高法院提名人的确认听证会等）的直播做好准备并不是很难。像普通的新闻杂志类节目一样，许多特别报道也会包含对分析人士或记者的采访，尽管通常也是现场直播，经常一次访谈中会涉及两三位客人。但是不管是什么形式，主持现场报道都需要灵活性的考量，它需要主持人具备多种不同技能，因为主持人不能依赖高度编辑好的导语和手头上的其他脚本。

通常，广播新闻节目中唯有开头和结尾部分是预先写好的。有些活动的开始时间同广播节目的开始时间并不是一致的，这就意味着主持人可能要在广播节目开始的 5~10 分钟里根据自己的安排使节目持续下去。公共广播电台主持人西格尔列举了总统年度国情咨文报道的例子，一开始总统慢慢地走在众议院大厅的廊道上，和国会议员握手，这些画面在电视上能够详细地得到展现。他说，问题是在广播节目最开始的几分钟里，他们应该做些什么。“正确的做法是，我们可以与新闻分析家、政治条线的记者或白宫通讯记者就国情咨文进行交谈。我们不讲述影像，因为它真的没有那么重要。”西格尔说，众议院的喧闹声一般都留在背景音里。“如果真的发生了什么事情，比如会议厅的门被敲响了，预示着总统的到来，或者总统登上了讲台，你可以对之予以确认，然后继续我们所要报道的内容，即讨论总统的演讲。”

主持一些现场直播节目就像棒球比赛的现场解说一样，尤其是像一场没有太多动作或紧张的情况的棒球比赛。在这一场比赛中，可以谈论战术；在另一场比赛中，可以谈论某位投手从伤病中得到了恢复；在另一种情况下，也可以谈论球队打破失败纪录的概率。同样地，主持人在现场报道中所做的采访也要适合在播控室之外发生的事情。有时候他会想听被提名人的传记，有时他会问演讲中所用短语的政治含义，有时他想把这一事件置于某种历史背景中。正如棒球比赛的实况报道一样，他必须找到某种方法，把这些谈话挤进节目中任何他有时间的地方，同时又不用把某些人的谈话进行删减。

一旦现场直播活动（如一场演讲或新闻发布会/听证会）开始，那么主持人通常会淡出，而背景音会渐入。因为直播节目的重点不是主持人，而是正在发生的事件现场情况。随着活动的进行，主持人应该倾听并做笔记，当直播现场的活动结束时，这些笔记将引导主持人如何提出合乎逻辑的后续问题，他可以据此向他的“伙伴”（记者或分析人士）提出相关问题，让他们提供一些背景信息和观点。在任何特别报道中，主持人都要严格、精确地遵从节目的时间要求。在节目板块的结尾部分，当主持人看着时钟倒计时说着结束语时，心里要知道自己想说什么，事先准备好，使自己慢下来。如果主持人放慢速度掌握好时间，那么比他急急忙忙想塞进一句话，听起来会好得多。

新闻特别报道可能集中在计划好的新闻事件上，比如政治领导人的宣誓就职或重要的新闻发布会，但除此之外，还有一些突发新闻以及许多其他重大事件等，这些突发事件的发生催生了公共广播电台的“滚动”新闻报道。要使这类广播节目报道做得很成功，广播新闻节目组的全体工作人员必须协调一致地工作才行。当然，突发事件的直播报道的重任还是在主持人身上。

有时在一些现场报道中（正如在脱口秀节目中一样），主持人必须担负起制片人甚至是编导的责任。例如，他可能要给工程师使眼色，让工程师知道他想打开或关掉麦克风，或者他想声音渐大或渐隐。滚动新闻直播报

道对主持人来说可能也是一种身体素质上的考验，节目可能一直不间断地运行几个小时，使得主持人很难有时间吃东西或喝水，也没时间上洗手间。主持人在现场直播过程中，事实上他就是故事的一部分，他报道故事、展现故事，并能以某种方式阐释事件的发展。

总之，广播新闻现场直播具有即时性和不确定性等众多特征，直播流程变数很大，这就迫使在现场进行直播报道的主持人必须主动出击、沉着应对，以确保现场直播报道的顺利进行。我国国际广播新闻传播还需要培养大量高素质的新闻节目主持人，这些节目主持人要集“采”“编”“播”于一身，既要有悦耳的声音，又要擅长讲故事；既要有敏锐的新闻判断力，又知道如何提出问题来挖掘人们内心深处的想法。从某种程度上来说，主持人既是记者又是编辑。由此可见，我国广播电台的国际新闻节目主持人需要具备较高的综合素质与能力要求，他不仅要有优秀的口头表达能力，而且要有敏锐的新闻触角，具备非常良好的新闻从业者素质。尤其是在融媒体时代，对全能主持人的需求增强，广播媒体的主持人也要加快转型，朝着集采、编、播、评于一身的全能主持人方向发展，既要有很强的新闻意识和新闻敏感，又要知识广博、多才多艺；既善于采访提问，又要有很强的语言组织和表达能力；既要能坐在演播室内熟练主持节目，又能深入现场报道动态新闻，而广播新闻现场直播报道则是锻炼和造就全能主持人的有效途径。

第五节　记者—主持人连线报道

随着人们对新闻时效性诉求的不断提高以及现代通信工具的发展，现场连线报道在广播报道中所占的比重越来越大。广播现场连线报道以其形式新颖、表现力丰富、鲜活生动等特点，极大地发挥了广播的优势。熟练掌握连线报道的基本技能，是参与直播连线的记者、主持人等新闻工作者必备的职业素质。

一般而言，广播现场连线报道是指记者在事件现场以口头讲述的方式，对新闻现场的情况进行客观真实的报道。而现场连线报道的运用，增强了现代广播的传播速度和收听效果，使广播节目的内容更加丰富多彩，具有较强的可听性。目前，即时的记者—主持人现场连线已成为各种广播报道中优势最为明显的报道形式，充分彰显了现代广播的速度优势。需要强调的是，广播现场连线报道绝对不是前方记者一个人的事，它也要求连线的另一方——“主持人”具有一定的报道素质。记者和主持人的默契互动，在短暂的几分钟时间里，对现场事件能够全面准确有效地进行直击报道，看似简单，实则不易。它既要求记者具有新闻敏感性，能够较快捕捉有效信息和细节，又能够简明扼要地描绘出新闻现场的画面，让听众具有鲜明的现场感，还要具有较高的采访提问技巧，知道该去采访谁、该如何提问。同时，它也要求主持人提前了解新闻事件的背景，在和记者连线后能够及时加以串联评论，还要具备较强的随机应变能力，自如地展开和结束连线话题。①

在西方国家广播电台的新闻节目中，主持人几乎每天都会与记者一起进行连线采访报道。尽管这种连线方式（或连线报道）没有用记者与被采访人的采访录音和现场环境录音这两个广播电台常用的新闻报道手法，但是记者—主持人连线报道的优势是可以让消息很快就从广播上播放出去。一个好的连线报道可以给一个广播新闻节目带来即时感，这一点是作品高产时代难以复制的。看看下面这个从美国公共广播电台 *All Things*

---

① 赵福艳.浅谈现场连线报道对广播记者主持人的要求［J］.新闻传播，2011（12）：150–151.

Considered 节目中摘录下来的一个片段，它是连线报道中一个较好的典型案例：

Host: And now to reporter Rusty Jacobs of member station WUNC, who is in Washington, North Carolina; that's in Beaufort County.And, Rusty, I gues the eye of Isabel crossed over Washington earlier today.

Jacobs: It did, and bringing along in its trail wasthe back side of the storm, which is really causing some problems now.I'm standing on the back porch of a downtown business in Washington. And if I took two steps down to street level, I'd be knee deep in the eaters of the Pamlico River, which have overspilled their banks a while ago.And this is the dreaded storm surge that officials here were most concerned about.That's where the hurricane just churns up the waters of the Pamlico Sound, pushing it back up the river over the banks and plaguing communities likes Washington, Belhaven, and the other riverside communities in eastern North Carolina.

Host: These riverside communities have a history.They've had a history of past storms flooding their area, haven't they?

Jacobs: Indeed.In fact, you know, I visited people in the last couple of days to see how they were preparing for the storm, putting up boards on their windows, taping the windows.And I've been to at least a handful of places where the owners marked the waterlines from all the past hurricanes.And I met one gentleman who rigged up a special hoist so he could raise all his experience machinery in the garage off the ground whenever a hurricane rolls through...

Host: Rusty, we heard earlier at the beginning of this segment from a couple of folks in Virginia Beach who'd actually gone out to watch the storm.Is there any of that going on in Washington, North Carolina?

Jacobs: Not right now. A little earlier today, there were indeed people, especially when the eye was passing over, the wind had died down, even the rain had diminished to almost a drizzle. And there were a few hardy teenagers out in their shorts wading in the waters, walking out on the piers, which are invisible to the eye, because they're submerged under on or two feet of water...[①]

主持人：现在连线到 WUNC 会员台的记者拉斯迪·杰克布斯，他正在北卡罗来纳州华盛顿的博福特郡。拉斯迪是今天早些时候到达华盛顿的。

杰克布斯：这里受到飓风袭击后，真的遗留下来一系列问题。我现在站在华盛顿市中心的一个商业区的后廊上。如果我走两步来到街道上，我就会被帕姆利科河的河水没到膝盖，刚刚帕姆利科河的河水已经溢过河岸漫上街道。这正是这里的官员最为担心的风暴潮。刚刚我们听到的就是飓风搅动了帕姆利科河水的声音。飓风把河水推到河岸上，侵蚀着像华盛顿和贝尔海文这样的社区，以及河对岸的北卡罗来纳州东部其他的滨河社区。

主持人：这些滨河社区历史悠久。它们已经经历过多次风暴袭击以及河水泛滥淹没家园的劫难，是吗?

---

① Kern, John.Sound Reporting: the Guide to Audio Journalism and Production［M］. Chicago: University of Chicago Press, 2008: 120–121.

杰克布斯：是的。事实上，你知道，在过去几天里，我拜访了这里的人们，看看他们是如何为暴风雨做准备的，他们在窗户上贴上木板，用胶带密封窗户。我已经去过好几个地方，那里的居民在房子里标记了以前飓风造成的河水泛滥的水深高度。我遇到了一位男士，他临时安装了一个特殊的卷扬机，所以他可以在飓风翻滚而来时，把他车库里所有的昂贵机械设备摇离地面……

主持人：拉斯迪，我们在报道的开头听到弗吉尼亚海滩上有几个人，他们真的出去看暴风雨了。现在，北卡罗来纳州的华盛顿还有飓风吗？

杰克布斯：现在暂时没有。今天早些时候，确实有很多人，特别是当飓风眼过去后，风已经平息下来，甚至连雨也小到几乎是毛毛细雨。有几个勇敢的青少年穿着短裤涉水走在水中的码头上，码头已经看不到了，因为它们已被淹没在水下一两英尺的地方……

即使这种现场采访可能缺乏仔细的写作和传统的润色制作，但它传达了很多东西，如果要等记者回到台里仔细撰写脚本，并在直播室里把节目录制好以后再在广播上播放，那么这些东西可能就丢失了。从节目的角度来看，连线报道也许是一种必要的妥协，可能是因为记者没有设备或没有机会来制作一个完美的故事。从听众的角度来看，连线报道可以使新闻更加生动，它比其他许多类型的报道更能传达出强烈的紧迫感。

记者—主持人连线报道除了具有即时性、生动性的优势之外，也是在制作时间很紧迫或现场不能进行采访录音情况下的一种选择。有时候，截稿期限很紧，某项重要判决将在上午 11：45 宣布，而新闻节目必须在 12：06 的时候在广播上发布相关事件的报道，这样的话要撰写脚本几乎是不可能的。有时候，麦克风不允许在法庭上使用，律师也还没有公开发表言论，或者与记者交谈的人拒绝让记者录下他们的谈话，那么就几乎没有或完全没有音频材料可用来制作成广播报道。在这些情况下，记者—主持人连线报道就可以较好地弥补以上缺憾。

西方国家广播电台的记者—主持人连线报道有时是有脚本的连线报道，有时是无脚本的连线报道。有脚本的连线报道可能会导致采访变成了一种广播游戏，就像下面这段对话：

Host：What have you learned about how Corporal Hassoun ended up in Lebanon from Iraq？

Reporter：Nothing.There's no word on that from the Defense or State Departments or from Hassoun's family in Lebanon or here in the United States.What we do know is that somehow Hassoun and U-S embassy officials in Beirut came into contact and arranged a pickup. The embassy spokeswoman told me a short time ago that Hassoun is there voluntarily and can leave at any time.He has not been questioned or debriefed and won't be until the appropriate officials from the Defense Department show up to do that.That's the Defense Department's ob，the spokeswoman told me.

Host：It appears，then，that Hassoun is no tin custody.He's not being detained.

Reporter：That's right.He's free to go，the embassy spokeswoman said.That's an indication that the State and Defense Departments are moving very carefully here，despite an investigation by the Naval Criminal Investigative Service.A spokesman for the Marines confirmed the existence of that probe yesterday，noting that the investigation includes the possibility that Hassoun's captivity was

a hoax.

Host: What's the basis for thinking Hassoun's captivity might have been a ruse?

Reporter: Remember that when Hassoun first disappeared, the Marines classified him as on unauthorized leave.Even a week later, when Hassoun appeared blindfoulded in a video, with a sword hanging over his head, and a death threat issued by apparent captors, it was a day or so before the Marines changed Hassoun's status to captive...①

主持人：关于哈森下士是如何从伊拉克到黎巴嫩的，你了解到的情况是什么？

记者：没什么情况。从国防部、州政府部门或哈森在黎巴嫩或美国的家人那里都没有任何消息。我们所知道的是，哈森和美国驻贝鲁特使馆官员取得了联系，美国驻贝鲁特使馆派车把哈森接到使馆，并将在使馆待一个晚上。刚刚，使馆发言人告诉我，哈森是自愿来到使馆的，并可以随时离开。他没有受到审问和盘查，并且，在国防部的有关官员到来之前，他将不会受到审问和盘查。女发言人告诉我，审问和盘查是国防部的工作。

主持人：那么，看来哈森没有被羁押，他没有被拘留。

记者：没错。使馆发言人说，他可以自由走动。这表明，尽管海军刑事调查局进行了调查，但在这里，国家和国防部的行动非常谨慎。海军陆战队发言人昨天证实了该探测器的存在，并指

① Kern, John.Sound Reporting: the Guide to Audio Journalism and Production [M]. Chicago: University of Chicago Press, 2008: 122-123.

出这一调查，包括哈森的可能被囚禁，都是骗局。

主持人：认为哈森被囚禁可能是骗局的理由是什么？

记者：记住，当哈森第一次失踪时，海军陆战队把他归类为未经授权的休假。甚至一个星期后，当哈森双眼被蒙出现在视频中的时候，他的头顶悬挂着一把剑，明显是挟持者发出的死亡威胁，而这一切发生的时间是海军陆战队宣布哈森为俘虏的前一天左右……

在连线报道中，许多记者知道他们自己也许是会犯错的，因此常常感到有些胆怯。与每天在公共电台接受采访的客人，比如专家、作者、普通民众或其他新闻机构的记者不一样，许多西方国家公共电台的记者希望自己可以决定主持人要对他们提什么问题，或者至少让他们提前知道会被问到什么问题。尤其是当他们在进行现场直播报道时，他们不希望毫无防备被一个他们无法回答的问题给蒙住，或者因为他们手头缺乏某个重要的事实而突然哑口无言无法回答。为了防备这些意外情况的发生，一些记者不仅写好了问题的脚本，而且还事先写好了采访中要回答的问题的答案。这样的报道通常听起来会很糟糕，当记者和主持人都在朗读脚本时，导致的结果就是呆板和人为性。由于记者不习惯于撰写对话，所以，他们经常会写出一些从书面上看来句法很好但不适合在广播上读出来的句子，也就是说，所写的句子听起来不像是人们在正常的日常谈话中说出来的话。在上面的例子中，记者说，“他可以自由走动，大使馆发言人说”，而不是说“使馆发言人告诉我说，他可以自由走动”。很少有人在日常交谈中会用书面式语言来讲话的。

主持人有时也不喜欢这种精心编排好的、表演性的连线报道方式，因为脚本迫使他们问一些他们通常不会问的问题，主持人有时把这些称为“愚蠢的主持人”问题。西方国家广播电台多实行主持人中心制，广播电台

对主持人的投资较大，主持人也拥有较大的主动权，当主持人要和记者做连线报道时，主持人对新闻事件如何报道拥有一些控制权。因此，如果记者或编辑觉得有必要在新闻报道中说明一些背景信息，他们一般不会建议主持人问一些可笑而天真的问题，比如："现在，这已经不是烟草公司第一次被起诉了，是吗？"另外一种相似的不当做法就是，主持人在说完某句导语后，接下来说的话让人听起来他好像突然忘记了他刚刚说的导语，例如，看看下面的导语以及导语后面建议主持人要向记者提问的问题：

In Los Angeles today, the Metropolitan Transit Authority and bus mechanics announced a tentative deal to end a strike that has idled public transportation in that city for more than a month. Most issues that divided the union and the MTA were resolved over the weekend, with just one major dispute unresolved–health care. Both sides agreed to non–binding arbitration on that issue.The buses should start running tonight.Joining us now to talk about the teal is–

Did today's announcement come as a surprise ?

What kinds of problems or hardships has the strike caused ?

Is the agreement official ?

There's still a big sticking point.What is it ?

When will be buses start running ? ①

今天，在洛杉矶，市交通管理局和公交车机械工人们宣布

① Kern, John.Sound Reporting: the Guide to Audio Journalism and Production [M] . Chicago: University of Chicago Press, 2008: 124.

了一项临时协议，以结束机械工人的罢工，该罢工已经导致该市公共交通闲置一个多月。工会和市交通管理局（MTA）之间大多数有分歧点的问题在周末都得到了解决，只有一个重大争议未解决——医保问题。双方同意就该问题进行不具约束力的仲裁。公交车今晚应该开始运行。下面他们要谈论的是——

今天的宣布是否出人意料？

罢工造成了什么样的问题或困难？

协议是正式的吗？

仍然有一个很大的分歧点。是什么呢？

公交车什么时候开始运行？

在以上建议主持人向记者提的五个问题中，至少有两个问题在导语中已经明确回答了，即关于分歧点的问题和公交车什么时候开始运行的问题[协议是非正式的，这一点也已经在导语中有所暗示，协议被描述为“暂定的”（tentative），并且声明双方同意就未解决的争议提请约束力仲裁]。诚然，主持人总是可以自由地改变问题。但是，如果记者事先写好问题的答案，当记者突然听到不一样的问题，甚至主持人会以不同的顺序来提出问题时，记者就会感到慌乱。

在西方国家广播电台的连线采访节目中，即使记者已经准备好一些即兴回答的问题，但是事先打好草稿的、差劲的问题也会让采访节目变得很糟糕。准备做连线报道的记者和编辑经常会建议主持人提哪些问题，提这些问题的时候，要求主持人假装对某件事有误解，而且主持人有充分的理由持反对的观点。这样做的理由，通常是纠正记者或编辑认为在听众中可能普遍存在的误解。然后谈话通常听起来像这样：

Host：But a high-fat diet is always unhealthy，isn't it？

Reporter：Not necessarily.It depends on the kind of fats you eat.①

主持人：但是，高脂肪食物总是不健康的，不是吗？

记者：不一定。这取决于你所吃的脂肪的种类。

主持人经常会把这些问题调整一下，使得问题能更好地反映出他们自己的想法，比如上面这个问题，主持人会把它改成："高脂肪饮食并非总是不健康的，是吗？"

西方国家广播电台的主持人不希望自己只是作为道具来帮助记者执行采访。连线报道围绕着诸如"多少人在那里"，"然后发生了什么"，"他还说了什么"，以及"接下来会发生什么"之类的问题来进行架构，这些问题真的只是伪装的记者独白而已，主持人看起来就成了一个架空的摆设。

记者们之所以要在连线报道中向主持人提供一些建议他们提的问题，主要是因为记者比播控室的主持人更了解自己的故事，记者知道哪些问题可以引出卓有成效的回答。此外，提前商定问题，可以避免记者在广播里纠正主持人提问中所涉及的相关错误信息。有时，编辑或主持人的信息已经过时，或与记者所发现的第一手资料有冲突。在这种情况下，主持人根据通讯社消息而提出来的问题会把记者问得目瞪口呆。

由此可见，记者—主持人连线报道中的提问设计是非常需要技巧的，既不能使这些问题听起来就像设好的局一样，又不能让记者无法回答。为此，西方国家广播电台采取的折中办法是，让主持人—记者提前商定好在采访中要报道的话题，也就是无脚本的连线报道。无脚本的连线报道并不是完全的自由式提问，而是记者也会事先把建议主持人提的问题记下来交

① Kern，John.Sound Reporting：the Guide to Audio Journalism and Production［M］.Chicago：University of Chicago Press，2008：124.

给主持人，但是并不会像在脚本化连线报道里那样把所有提问的回答内容也逐字逐句地写下来，只是大概写一下每个问题的要点。这些要点体现在笔记中的很多地方，而且这些要点都预期主持人会提出记者所建议的问题，而实际上在广播里播出的采访确实类似于记者预期主持人会提出的问题。只不过有时主持人对这个提问的顺序稍微做了调整，使连线报道中记者听起来像大多数其他采访中的交谈一样，但它的优点是，将最大的信息量凝聚到了最短的时间里。

不管是脚本化还是无脚本的连线报道，西方国家广播电台都试图尽量去发挥连线报道的即时性、生动性、易操作性等方面的优势，并使连线报道听起来不像是预先设计好的表演。为此，西方国家广播电台有一些值得我们借鉴的连线报道技巧，无论是直播的连线报道还是录播的连线报道，这些技巧会让记者的采访更好地被人理解，也让听众觉得更有趣。

让主持人知道记者去了哪里，看到了什么。如果记者被困在一个巨大的示威活动的某一个角落里，很可能无法谈论半英里以外发生的冲突。主持人需要知道这一点。

提出问题，或者至少要提出让主持人应该问的主题。但记者也可以从节目组先征求问题，这样记者就不太可能会在广播里突然被主持人问到措手不及的问题。

让主持人知道记者对提问的回答里包含什么内容——尤其是当一个事先建议提的问题里包含了一个参考备注，而这些前期情况主持人并不太清楚（如当前面的问题里没有提到会议，而主持人却看到“为什么这次会议如此重要”这样的问题时，他就会感到很茫然）。

随时准备好一段现场采访录音以便配合主持人的提问。主持人说：“当总统对罢工的矿工讲话时，你提到了国家安全，让我们听听这个讲话吧。”然后，播放现场录音，接着，主持人问记者：“矿工对这一呼吁有什么样的

反应？”

如果记者倾向于使用一段现场采访录音来回答主持人提的问题，那么要考虑一下这段录音听众听起来觉得怎么样。如果在记者的回答里使用一段现场采访录音是有意义的，那么就可以把这段录音用上：“我整天都在和人们聊，他们似乎很生气。下面是一个矿工告诉我的……”

如果是记者来写导语的话，那么在第一个问题里不要重复导语里已经介绍过的事实。这样会使听众觉得主持人好像没有听到他自己刚才的讲话一样。如果导语里面已经说过了“总统向联合国提出了支持重建伊拉克的呼吁”，主持人就不能再提这样的问题：“总统为什么要在联合国讲话？”

不要写那些迫使记者必须纠正主持人的问题。这实际上意味着“你的说法是错误的，让我来纠正你”。尤其当主持人本来永远不会问这样的问题，只是因为记者建议他要提这个问题他才这么问的，那么这个时候主持人会感到特别恼火。

尽可能多地使用特定的可视化例子。这样可以提醒听众记者在哪里，记者在报道什么。

记者要随身带着记事本，特别是当有信息数据时，以便可以很容易地快速记下来。当记者面对麦克风的时候，很容易会把“250亿”说成“2500万”，或者把“1986”说成“1968”。

如果主持人提的问题记者由于缺乏相关信息而答不上来，那么请承认。记者经常会巧妙地引开一个他不能直接回答的问题。（“我不知道航天飞机上有多少块瓷砖，但我可以告诉你，他们应该能够承受大约3000华氏度的温度……”）

不要在一整天的广播里都用好像大家是第一次听到某个事件的语气来反复报道这一事件。如果某个主题或事件已在新闻广播、网络或有线电视上报道过，那么主持人或记者可以从第一次和第二次引用之间的内容开始报道：“总统今天上午在联合国的讲话是为了支持重建伊拉克。”

定个闹钟，方便掌握一下还剩多少时间。记者可能想提前向节目制片人或导播室编导询问是否有回旋余地，也就是说，记者是否可以在所分配的时间外再多个十秒或十五秒，但不要太得寸进尺，否则会被中途切断。

语言要简洁。这是一个谈话，而不是一个精心打磨的稿件。在记者开始说话之前，可以稍微思考一下如何对提问进行回答，尤其是当记者还没有准备好答案的时候。如果有口误或结巴，记者可以自己纠正自己。

不要不经意间鼓励听众关掉收音机而去打开电视机。当有线电视正在播放引人入胜的视频，刚好与你所报道的是相同的事件故事。这时，如果记者说："我们现在看到的是令人难以置信的电视画面，从直升机上往下看，我们可以看到这次示威行动人海茫茫、规模巨大！"这样的评论会让很多听众停止听广播节目，而去打开电视来观看节目。

在西方国家广播电台的记者—主持人连线报道（不管是在有脚本的还是在无脚本的连线报道）中，主持人向记者所提的问题，一般都是记者事先就向主持人建议的提问，所以记者在回答主持人提问的时候，不会说"这是个好问题"！听众可能不知道发生了什么事，但是如果记者在广播里赞美自己提出来的问题是个好问题，那么他的同事一定会感到好笑。

我国广播新闻节目也经常使用记者—主持人连线报道的方式，因为这是最能发挥广播传播速度快这一特点的一种传播方式。我国国内广播新闻节目一直在采用连线报道的方法，而且连线内容也越来越丰富，形式也越来越多样。但是，我国国际广播新闻节目还需要更多地采用一些连线报道以增加报道的即时性和鲜活性，思考如何通过问题设计来使连线报道更能够抓住海外听众的耳朵，激起海外听众的收听兴趣。要抓住海外听众的耳朵，连线报道就要出乎听众的意料，要让听众听到平常了解不到的情况。

由于广播没有图像，容易让听众感觉离新闻事件较远，所以我国国际广播连线报道节目中的记者在做连线报道时，要注重用口头语言为听众描绘出一幅现场画面，尤其是注意捕捉细节，让听众既有身临其境的感觉，

又能使报道更有趣。要用听众最容易接受的语言来讲述新闻事件，有比喻、有举例，幽默风趣，要让连线内容“活”起来，而不是一板一眼地念稿子，或者把大堆内容平铺直叙地“推”给听众。此外，我国国际广播新闻节目在做连线报道时也要注意语速适中，报道内容要集中、真实，言简意赅，不要有太多的数字（不利于听众记忆），报道时周围的环境不能太嘈杂，报道时随时注意听从话筒另一头主持人的引导等。在常规性的广播新闻现场连线报道中，由于事先已知道事件的过程，可以设计好详细的直播流程。但是，在遇到突发事件，广播新闻节目主持人无法事先做好充分准备的情况下，对事件、人物等信息和相关背景也不可能在短时间内有所了解。这时候，主持人要有较强的信息搜索能力和搜集能力，并马上通知演播室的导播，然后立即投入电话连线报道。这就要求主持人和记者具备较高的随机应变的能力。

西方国家广播电台的记者—主持人连线报道节目一般需要双方在节目报道前就要充分探讨，双方根据对事件主题的探讨，对报道中主持人要问什么问题、要问几个问题等都要事先讨论并达成一致，以避免在连线报道节目中主持人问的问题记者答不上来的尴尬。因此，无论是有脚本的还是无脚本的连线报道，主持人和记者都会事先商定好在采访中要报道的问题、主题或话题，而且会尽力使连线报道听起来像正常谈话的样态。我国国际广播新闻节目中除了要有记者—主持人连线报道外，还可以增设更多的主持人直接同采访对象（专家、当事人、记者）连线的新闻报道。由于我国广播节目制作过程中没有西方国家广播电台那种采访邀约和预采访机制，无法像西方国家广播电台那样有那么多“完美的”采访对象，这就更加要求我国电台的主持人或主播要有更强的“记者意识”。与其说新闻节目主持人是在“推”（push）新闻，不如说他是在向采访对象“拉”（pull）信息。这个“拉”的过程就是提问。主持人的提问就是替受众搜寻事件现场的事实，满足受众的知情权。连线报道是一门学问，在短短的1~2分钟内讲什么、怎么讲才能达到最佳效果，最为简单的办法就是，首先把自己当成一名听众，先问自己，打开收音机最想听到有关事件的什么内容。带着这样的问题去设计连线内容，才能更好地抓住听众。

在西方，著名新闻节目主持人大多是经验丰富的“老”记者，经历了漫长的新闻采编实践的锤炼才走上了主持人岗位。这对我国新闻院系的培养机制和广播电视机构的选拔机制也提出了新的要求，由播音员转型为主持人，还需要加强对自身新闻素质的培养。从西方国家广播电台对主持人的投资来看，大部分节目都是实行“主持人中心制”。主持人对新闻报道的选题策划、节目的内容和形式都有最后的决定权。我国的国际广播新闻节目主持人，一般是在节目临近播出前拿到连线报道的选题和基本提问，时间仓促，不利于主持人对新闻事件的完整把握，也不利于主持人在节目进行中随机应变地进一步提出问题。主持人大都仍是机械化地工作。

鉴于此，我国广播电台的主持人或主播也应该在前期参与到连线报道的选题策划中来。这样的话，主持人才能够事先加强对新闻事件的理解，对报道框架提出看法，并提前做好报道的准备工作，从而增强报道的深度，也使主持人从“播报”发展为“讲述”，从被动转换为主动。这对我国现有的播音员、主持人培养模式也提出了新的挑战：不但要声音条件好、播报技术高，还要具备坚实的新闻素养和新闻分析能力。

第六章
广播新闻评论

新闻评论是媒体舆论引导能力和引导水平的集中表现，也是扩大媒体影响力、提升媒体公信力的重要载体。相对于报刊和电视媒体而言，我国广播新闻评论呈现出泛化和僵化的趋势，导致广播新闻评论越来越弱化和边缘化。因此，广播在提升影响力、公信力和引导力方面缺少另一个有力的抓手。随着近年来社会环境与媒介环境的变化，广播受众也发生了巨大变化。首先是广播的移动性和伴随性加强，广播的使用群体越来越处于移动状态，其中大部分是在车内、在路上；其次是听众群体的变化，其中以中老年人与学生居多；最后是接受心理的变化，海量的信息使得受众的信息选择成本加大。在新的媒介环境下，如何做好广播新闻评论仍然亟须我国广播业继续改进与提升。在此通过对西方国家广播电台的新闻评论节目的分析与透视，在加强对西方国家广播电台新闻评论节目制作流程的了解的基础上，探索我国广播新闻评论节目的发展之路。

在西方国家广播电台，许多人都可以通过评论来表达他们的个人观点，而且这些观点似乎总是会触碰到人们敏感的神经。新闻评论节目往往是西方国家广播电台听众邮件反馈率最高的节目，尽管它们在播出时间中所占的比例相对较小，但它们仍然经常引起听众最强烈的评论。

评论，就像电台新闻杂志节目的所有其他元素一样，应该能够引起人们的思考。西方国家广播电台一般会播放一些具有挑衅性和独创性，甚至是具有冒险性的新闻评论，也就是人们在任何其他地方都不能听到的观点和分析。他们为新闻评论制定的标准大致如下：

— 引人入胜的主题或话题

— 重要的话题；或者，如果不是那么重要，那就要具有真正的娱乐性

— 智慧

— 一流的写作

— 一流的表达

— 准确性

— 在可接受范围内的公共话语

— 保证听众会听到有争议问题的多个方面

— 正确的标签：如果某个事件不是本台新闻报道或信息采访的行为，那么所有与之相关的评论、文章、连线报道和访谈所提供的分析、意见或批评都必须在其前面或后面标记出处。

广播新闻评论要达到以上这些标准，需要电台工作人员付出一定的努力，部分原因是撰写评论和阅读评论的人一般都不是记者。撰写评论或阅读评论的人，以前可能从来没有和广播节目的编辑合作过，他们在广播节目上的这 2~3 分钟可能是他们第一次也是唯一一次上广播的机会。所以，在广播新闻评论制作过程中，如果电台工作人员需要和评论员一起合作，那么他会希望找到能够对某个新闻事件快速做出反应的新闻评论撰稿人。他需要找到那些能把自己的经历和见解通过深思熟虑和有意义的文字表达出来的人。当然，美国等西方国家广播电台会对新闻评论进行筛选和过滤，

比如它会鼓励某些人的想法，而阻拦其他一些人的想法，而且知道在什么时候需要有一个持对立观点的新闻评论。

第一节　寻找评论员

我国的广播新闻评论节目所肩负着的责任和使命是坚持正确的舆论导向、唱响主旋律，给听众打造的是一种积极的、有明确价值取向的节目类型。我国的广播新闻评论的撰稿一般是由编辑、记者等媒体人来完成：一是媒体人有较高的新闻敏感性，有善于观察问题、思考问题、分析问题的好习惯；二是编辑撰写的评论与记者采写的新闻同属于媒体“原创”，也是节目独特风格的生动体现。与我国广播新闻评论节目相比，西方国家的广播新闻评论的主体则更“多元化”，他们一般为了彰显“意见的多元化”，除了有资深的评论员在广播新闻节目中做评论之外，还会去寻找各种有典型的、有趣的不同想法或观点的普通评论员。

众所周知，在司法审判中有一种第三方评估机制，从西方国家实行“第三方评估”的经验看，第三方是指处于第一方（被评对象）和第二方（顾客，即服务对象）之外的一方。由于“第三方”与“第一方”“第二方”都既不具有任何行政隶属关系，也不具有任何利益关系，所以一般也会被称为“独立第三方”。在第三方评估中，“第三方”的“独立性”被认为是保证评估结果公正的起点，而“第三方”的专业性和权威性则被认为是保证评估结果公正的基础。西方国家广播电台在制作广播新闻评论节目时，在评论主体上会更多地采用具有“第三方”身份的评论员，目的是体现其新闻评论的“客观公正”。

西方广播电台的广播新闻评论所涉及的话题范围非常广泛，从圣母院在下一个足球赛季的机会到葛雷克氏症是一种什么样的感觉等。至少从理论上讲，几乎任何人都可以成为广播新闻节目中的评论员。电台还会定期通过发布广告向社会人士征集各种评论，然后从中挑选有新鲜观点的人。毕竟，几乎每个人对各种现象都有自己的独特看法和观点。

要成功找到那些有新奇想法的人，还是需要费一番功夫的。一般来说，西方国家广播电台会去寻找那些有独创性思想和新的表达方式的撰稿人或分析家，还会向听众征求评论，并在网上发表这些短评。广播电台的这种向听众征求评论的做法的确很起作用，电台每天都有评论纷至沓来，工作人员会把这些评论全都看一遍，然后从中寻找“天然钻石”。西方国家广播电台的新闻评论都是需要经过编辑的修改和把关的。和所有记者一样，评论编辑必须保持警惕，眼观六路，耳听八方。如果他发现某个人有令人想不到的或富有启迪性的观点，那么他就会让这些人的评论声音在广播上或网站上被听众听到。

广播评论的编辑还会迅速采取行动来征求时事新闻评论，这些评论观点可以与记者的报道或主持人的采访结合在一起。在这里，广播评论比报纸评论或杂志评论有明显的优势，也就是时效上的优势，某个人在早上发表评论，然后在下午的广播新闻节目中就可以播出。当新闻爆发时，西方国家广播电台会按照以下的思路来寻找那些有望制作成具有创新性的新闻评论的雏形想法和意见：

在这个问题上，谁会是最引人注目或最特别的人？

谁曾有过类似的经历，并可以撰写文章或谈论它？

谁多年来一直反对这个想法，并成功地改变了民意？

谁是为这一事业献身的人？

这一事件改变了谁的生活？

谁是能提供最有趣的事件或想法的撰稿人？

如果有机会，谁会改变你的观点？

寻找评论员的第一步也是最重要的一个步骤，就是有一个联系人名单。当广播新闻评论节目的工作人员想找人来评论一个新闻事件时，他需要随时能够联系到相关人士。所以，有一个联系人名单是非常必要的，上面列满在各领域有新观点的人士。在美国，大多数记者和采访邀约人都有大量的专家和分析人士名单，这些专家和分析人士一直是新闻报道的信息来源或接受采访的客人。所以，如果广播新闻评论节目的工作人员在寻找评论员，却想不到任何名字时，那么他会向他的同事去寻求建议。他的同事很可能已经采访了一位对某个主题非常了解并且具有个人观点的人，但他不需要在与对方建立联系后立即向对方提出征求评论的要求。一旦他接触到了那个人，那么第一步就是伸长触角。

每当广播新闻评论节目工作人员提出对一个有争议的问题进行评论时，在导语和结尾中都要说明一下评论员的资历（虽然不一定是他或她的头衔）。如果工作人员只是将某人称为“评论员埃伦·里奇”，听众可能会想：“我为什么要关心这个女人对这项法规的看法呢？”所以，他们的做法是这样说：“评论员埃伦·里奇已经为怀孕少女提供了20年的咨询服务。”这样就会显示出这位评论员在这个相关领域的专业性和权威性。

通常，西方国家广播电台的工作人员也可以找到一位著名的作家、学者或政治家来写这些专栏文章。但是，实际上这会增加他的工作难度。因为名人有其经纪人、公关人员和助理等，工作人员最后拿到的评论文章很难确定到底是由名人自己写的，还是由他的发言撰稿人或助理写的。即使是名人自己写的评论，有一些名人评论家也不习惯自己的稿件被别人编辑。

除了名人评论员之外，西方国家广播电台也会寻找一些普通人来做评论员。当公共电台工作人员和那些书写自己真实生活的评论员一起工作时，他需要严格地确保他们有一些值得在大型广播新闻节目或网站上要说的话。

西方国家广播电台对普通人的评论是有选择性的，它要么是一个美丽动听的故事，要么是观点独特并给人们带来一点小小的冲击。

西方国家广播电台还鼓励潜在的评论员把他们的想法用电子邮件的形式发送到电台的固定邮箱。如果有些评论文章看上去很不错，工作人员便会随时电话跟踪这位文章的作者。公共广播电台通常会在人们写评论文章之前先和他们聊一聊，如果觉得他们的想法或主意听起来很不错，那么电台工作人员会与他进行一次谈话，找出工作人员最感兴趣的想法，然后让他发一份评论文章的草稿过来，在这份草稿的基础上，电台便开始着手评论文章的编辑等准备工作。

西方国家广播电台为了找到一些好的想法和点子，电台的工作人员往往会到处去打听和收集，甚至从平时对某一观点的闲聊中得到一个好的想法，然后就以此写一篇很有趣很感人的文章。当广播新闻评论节目的工作人员对某个人的想法表示感兴趣时，会要求这个人把评论发给他，并告诉他这并不意味着他就可以在广播上发表评论，因为这条评论还有可能会在编辑过程中的不同阶段被扼杀掉。

如果我们要制作面向国外听众的广播新闻评论节目，那么也可以借鉴西方国家的这种方法，提高评论主体的多元化，在专业性和权威性的基础上彰显新闻评论的平衡性和客观性。

第二节　广播评论的编辑

在西方国家，虽然从理论上讲，几乎任何人都有可能上广播发表自己的评论，但实际上，不仅前期需要经过严格的海浪淘沙般的筛选，而且选上之后评论员的文章还要经历一层又一层的编辑过程，所要经历的编辑次

数之多可能出乎大多数人的意料，通常一篇评论文章要经过六七次的编辑。以美国公共广播电台为例，一篇广播评论大约是450字，即2分半钟，这比普通报纸专栏的评论要短得多，报纸专栏的评论通常是广播评论的两到三倍那么长！编辑不仅要对它进行仔细裁剪，而且确保评论文章不会像是大声朗读出来的报纸专栏评论，他们会让评论员用他们平时说话的方式来写评论。

西方国家广播电台的编辑在审查评论员所写的新闻评论时的要求与审查记者所写的新闻报道时的要求是不一样的，编辑希望记者在报道中不要发表“个人意见”，但评论文章中需要有评论员自己的个人观点，而且评论员还需要尽可能地让自己的观点令人信服。在西方国家广播电台，广播评论就意味着要有足够强有力的观点，否则就算不上是评论。所以电台的新闻评论编辑们会不断对评论员提出问题，促使评论员能更有力地表达他们自己的观点，或能更连贯地论证他们自己的观点。新闻评论的编辑会鼓励评论员填补其论点中的空白，有效并有力地表达他自己的观点。新闻评论的编辑们在编辑过程中，对许多不同的人所写的评论文章都会提出类似以下这样的批评和建议：

开头要强有力。第一句话一定要写得非常好。很多时候人们只是随意开个头，但评论文章一定需要有非常棒的第一句话。不管你是写什么文章，第一句话都非常重要，尤其是在写评论的时候。

文章的信息量不要过于密集而使文章的意思难于理解。专家就是专家，因为他们懂得多，但在广播里只能传递一定量的信息。如果评论文章里的句子太巴洛克化了（意即雄伟华丽），听众容易听不懂。因此编辑就会把它修改成两三句简单的话。

强调过渡。有时候在评论的其他部分里很容易忽略观点的表达，但是强调观点通常只需要几句话。如果接下来即将出现论点的核心部分，那么编辑会建议评论员需要强调一下下面将会出现一个拐点。

结尾要强有力。最后的两三句话在评论中是非常重要的，这是人们最后听到的，也是他们最终能记住的。

新闻评论的编辑，无论是对将在广播上播放还是将在网络上播放的新闻评论文章，都会进行特别严格的审查。因为评论员们可能没有记者们那么认真，评论员在所讲的故事中有可能有记错的地方，所以编辑对评论中的事实有疑问的话，会让记者或图书管理员核查一下。另外，编辑所做的核查工作还包括验证作者的身份，确保评论员没有杜撰身份。

为了让评论员能够在麦克风前轻松、自然、流畅地讲话，公共电台会事先对评论员进行培训。即使是习惯于公开演讲的人，当他们面对麦克风时，可能仍然需要接受指导。如果在广播上发表评论的人不停地唠叨，或者强调错误的词语，或者给人留下傲慢自大的印象，那么，即使评论文章写得再好、再有说服力的分析，听众也会置若罔闻。而且，对许多人来说，听到自己的声音在耳机里回荡是一种新鲜的、令人不安的体验。当他们在广播上说话时可能会比他们平时说话更轻柔，而且更单调。所以，公共电台的语音培训师可能会帮助评论员，使评论员在他们自己的语言表达中投入更多的活力。毕竟，在广播上讲话不像他们日常站在某人旁边讲话时那样可以用面部表情、手势和其他非语言暗示来协助他们沟通，在广播里说话时，他们必须要用更强的语言表达力来弥补肢体语言的缺失。

在培训评论员时，除了让评论员的表达充满活力，还要确保他们在发言时能够强调自己的主要观点，也许节奏可以放慢一些，改变节奏通常是吸引听众注意句子或短语的最好方法。在文本中寻找过渡的时刻，比如：从一个特定的事件到一个一般性的观察，或者从一个抽象的想法到一件个人逸事，并且鼓励评论员们用他们自己的声音来表达和说明这一过渡时刻的变化。最后，要让评论员在说最后一句话时，要和说评论中其他任何一

句话都不一样。要让评论员慢下来，想想这些话的意思，这样听众也会去思考这些话的意思。也就是要让评论员用声音来发出信号，暗示听众注意最后一句话。

西方国家广播电台把评论看作新闻节目的一个调节器，认为评论能给节目添加质感，能改变节目的节奏。评论提供了从各种不同角度对新闻事件的观点，让听众听到了具有专业知识或第一手经验的人的看法。而且，评论使广播新闻节目制作起来更容易，因为各种不同长度的评论可以在节目板块的末尾填补没有新闻报道或采访的两分钟时长。

西方国家广播电台的评论员不管是在年龄、地理位置、种族还是其他方面都很多样化，电台也拥有一定数量的固定评论员，这些评论员也是广播节目吸引听众的一个重要因素，因为有的听众就希望在广播里听到某些固定的评论员对某个专业领域问题的观点和看法。这也是为什么西方国家广播电台有些节目都尽量拥有自己固定的评论员的一个原因。

以上是西方国家广播新闻评论节目的一些制作情况。从我国广播新闻评论节目的发展形式来看，新闻评论节目经历了早期“播稿式”评论（报纸“有声版”）、本台评论、“音响评论”、记者述评、座谈式评论到综合运用记者专稿、述评、连线专家等综合评论的变迁；从节目内容来看，广播新闻评论节目经历了从单一事件的表层分析到挖掘事实真相、全方位透视的升级。[①] 与我国广播新闻评论节目更倾向于理论政策宣讲、思想动员和社会呼吁相比，西方国家广播电台的新闻评论更倾向于观点的挑衅性、独创性和冒险性。也就是说，西方国家广播新闻评论重视观点和分析的新奇性和独特性。这种观点和分析最好不能重复在别的媒介已经发布的信息或公众已经知晓的观点，而应该是人们不曾听过的观点和分析。为此，能够

① 张贞贞，龚险峰．从《新闻纵横》看广播新闻评论节目的变身突围［J］．中国记者，2016（4）：44.

在西方国家广播电台新闻节目里播放的新闻评论通常要满足以下几个条件，即引人入胜的主题或话题、重要的或真正具有娱乐性的话题、一流的新闻评论写作、准确性、一流的语言表达、在可接受范围内的公共话语等。这些条件也是西方国家广播电台制作新闻报道节目的标准。

为了使广播新闻评论达到以上这些标准，西方国家广播电台会想方设法去寻找那些有新想法和独特视角的人来节目里面做评论员。这些人一般都不是记者，但是能够对某个新闻事件快速做出反应，能够把自己的经历和见解通过深思熟虑和有意义的写作表达出来。不过，这些评论员所写的文章都是要经过编辑的层层审查和多次修改后才能在广播上播出。而且为了使评论员在广播上的语言表达适合广播播出要求，西方国家广播电台还会对这些评论员进行一定的培训。在对评论员进行选择和培训的过程中以及在对评论文章进行编辑的过程中，美国国家广播电台会鼓励某些观点的表达，而阻拦其他一些观点的表达，并且为了使广播新闻评论听起来是平衡的，会在恰当的时候安排一个对立的观点。

从西方国家广播电台新闻评论的制作流程可以看出，西方国家广播电台重视的是评论观点的个性化、评论话题的多样化、评论群体的平民化（尽管有相关专家的专题评论，但也有不少普通市民的观点看法）。从根本上讲，评论节目制作的原则和出发点还是“以受众为中心”，即在评论节目的制作上要让听众感兴趣、愿意听。西方国家广播电台新闻评论节目的制作流程对我国广播新闻评论可能也带来一些启发，比如新闻评论的方式可以多一些真诚交流式的引导，少一些灌输教育式的指导；在追求深度的同时多一些宽度，呈现不同层面的观点，在不同观点的碰撞中形成理性、建设性的看法；改变报纸评论式的语言表达，多用简洁明快、通俗易懂的口语化表达。不过，近年来，我国广播新闻评论一直在不断地改进与提升，在积极的探索下正在形成自己的独特风格。

第七章
广播新闻节目制作

西方国家广播电台的制片人这一岗位涵盖了很多方面的工作，包括技术性工作和内容策划。比如，把不同的音频段落编辑组合成一个完整的广播节目、预定演播室，提出故事点子并对之进行考证，安排采访，甚至写脚本和建议主持人提哪些问题等。可以说，没有哪个工作岗位像制片人那样需要那么多的技能了。制片人在台里具体做哪些工作，要取决于制片人是和记者一起工作，还是和新闻播音员一起工作，抑或是担任某个节目的制片人。有些制片人大部分时间花在编辑采访作品和剪辑记者录音报道上；有些制片人则进行研究，自己做采访，并为主持人编写脚本；有些制片人会与音频工程师、记者或主持人一起去外地或者国外出差，帮忙跟踪报道和录制新闻报道。大多数制片人以上工作都要做，只是不同的时期会做不同的工作。

在西方国家广播电台，节目的制作虽然是记者、编辑、主持人、制片人等整个团体共同合作的结果，但制片人在这个过程中负责最后音频新闻制作出来后的收听效果。因此，制片人不仅要从头到尾对每条新闻都要熟悉，还要保证节目中不同新闻及其他要素的组合剪辑符合播放要求。这就要求制片人必须随时了解从国际大事到青春时尚等各种新闻，知道如何从这些新闻信息中进行筛选，并对筛选出来的新闻内容的哪些方面进行放大和缩小，然后想方设法把这些经过筛选和处理后的新闻转变成人们喜闻悦听的广播节目。

西方国家广播新闻节目的制作遵循一定的流程，从寻找故事点子，到安排采访、编辑采访录音、融合不同的元素、建构节目阵容，制片人对每一道程序都会进行把关。通常，一个广播新闻节目的制作是从寻找好的新闻开始的。

第一节　寻找新闻故事

西方国家广播电台对故事非常重视，比如什么故事可以报道、如何报道等。其实，在寻找故事点子这一信息把关链的最初阶段开始，媒体对信息的把关就已经开始了。西方国家广播电台一般都要求广播新闻节目的制片人富有远见卓识，能高瞻远瞩看到大局，能明确知道想讲的故事是什么。一般来说，好的制片人要有他自己的故事，要清楚故事点子如何从孕育、诞生到执行。当制片人想到一个点子时，他会预先采访客人，做深入研究，写导语和采访时要问的问题，进行编辑。如果片子需要与其他声音元素（音乐或剪辑）融合，那么他还要进行混合剪辑。而且，制片人还需要与记者和主持人合作，让其他人一起合作来完成。同编辑和记者一样，顶级的制片人也是一流的记者，同时也是音频艺术家。西方国家广播电台认为，制片人必须有艺术感或创造性，这样制作出来的音频新闻才能吸引听众。

美国国家公共广播公司（NPR）、英国广播公司（BBC）等国外著名的广播媒体，一直凭借优质的音频产品走在广播创新的前沿，特别是引领了近年来欧美广播行业在播客领域如火如荼的发展态势。能够维持这样的发

展势头，这些广播公司在音频故事讲述（Audio Storytelling）方面的持续创新起着关键的作用。[①]2015 年，美国国家公共广播公司新闻部成立故事讲述实验室，希望通过该实验室的成立，让员工有机会从日常工作中走出来，将新想法付诸实践。一旦提交给实验室的创意被选中，平日专注于广播内容生产的员工，就可以从原来的岗位暂时离开，到实验室进行为期两周的创新实验。实验室设置战略与内容创新高级主管、项目主管、高级制作人等岗位，共同保证创意项目的顺利孵化。实验室鼓励员工将自己在播客、新闻制作、数字化内容制作等方面的新想法进行尝试。2016 年，NPR 对上述故事讲述实验室进行了拓展、更名，成立故事实验室（NPR Story Lab）。通过故事实验室的成立，希望打破广播节目、播客、数字化、视频制作等部门之间的界限，使其成为一个覆盖所有内容生产部门及整个组织的创新枢纽。各内容部门以实验室为枢纽，面向多个平台进行内容产品创意试验和开发，而不仅仅是广播产品。实验室在培训、音频工作坊、面对面研讨等方式上进行较大投入，通过试验、培育和孵化，寻找新的节目模式、研发新的播客、开发新的声音产品和制作样片，从而吸引更多听众。[②]NPR 通过故事讲述实验室筛选出有潜力的创意，从而推动内容的创新。

英国广播公司的新闻生产部门主要依托新闻实验室（BBC News Labs）来开发数据新闻、视觉新闻等适合多平台的报道形式。新闻工作室由多名包括软件工程师、程序开发人员等在内的内容、技术领域的专业人员组成，主要职责是对新闻内容生产的新方法、新工具等进行试验，如多语言的视频制作工具、互动平台的聊天机器人等；关注新闻、技术和数据的交叉领

---

① Podcasts and Brands：5 Questions With Gina Garrubbo on NPR，http：//www.brandchannel.com/2016/11/14/ginagarrubbo-111416/.2018-03-21.

② With its broadened Story Lab，NPR is looking to build up its next generation of shows and podcasts，http：//www.niemanlab.org/2016/10/with-its-broadened-storylab-npr-is-looking-to-build-up-its-next-generationof-shows-and-podcasts//.2018-02-18.

域，特别是进行数字化新闻内容生产的研发。2017 年 9 月，英国广播公司成立了现实实验室（BBC Reality Labs），专注于开发虚拟现实（VR）和增强现实（AR）类内容，作为研发部门的一部分，探索如何将这类内容融入当前的工作流程中。2015 年，英国广播公司推出在线用户测试平台“BBC Taster”，将处在研发过程中的内容创意、产品创意、技术和服务等，通过在线平台进行用户测试，让用户进行“尝试、打分、分享”，根据用户反馈的情况进行改进，从而提升英国广播公司的创新能力、规避创新风险。例如：英国广播公司广播 1 台（Radio 1）的“R1OT”项目，创新点是听众通过在线平台投票来决定广播中播放的内容，让听众感觉自己是电台的一部分。①

由此可见，西方国家广播电台鼓励任何人（不管是一个有经验的主持人、一个暑期实习生，还是其他任何人）提出一个可能会出现在新闻杂志类节目或脱口秀节目里的好点子。出于这个原因，从高级制片人到制片助理的各级制片人，都负有寻找潜在故事的责任，鼓励大家提出值得听众收听的故事点子。

寻找故事点子需要好奇心，故事点子可能来源于任何地方。正因为如此，成功的制片人总是会阅读各种各样题材的东西。一些节目的执行总监指派自己的制片人阅读来自全国各地的地方报纸，每位制片人负责一个特定的地区，以寻找尚未在全国范围内曝光的故事。许多制片人还特别注意浏览贸易出版物或专业杂志，期待从中发现一些真正有趣的“天然璞玉”，比如一个细枝末节的问题，或者只是同已报道的新闻故事中的某个角色有过交谈的人，都有可能开发出一个好的故事。这种非常广泛和大量的阅读，都是为了寻找一些在其他地方没有读过、听过或见过的东西。

---

① BBC launches BBC Taster，Radio 1 R1OT，http：//www.musicweek.com/news/read/BBC-launches-BBC-tasterradio-1-r1ot/060669.2018-01-05.

另外，制片人在日常生活中也不忘竖起“触角”寻找故事点子，有时候个人兴趣可以为他带来好的故事点子。西方国家广播电台一些资深制片人总是告诉新的制片人要“关注这个世界”，要善于发现那些可能会产生有趣故事的人。大多数制片人总是在做这些观察，去发现那些有故事的人的新闻价值。

当制片人有了故事点子之后，他就应该准备好为他的故事点子进行辩论，以免被编辑、记者、主持人和其他制片人质疑。比如，你如何获得有关医学院学生的全国统计数据？我们该怎么找到那些被拒绝投保的人？为什么主教牧师所面临的困境会引起有不同信仰人们的兴趣？这种和同事们一起探讨故事点子的方式，可以让大家发现点子中的弱点，或者为这个点子指出新的方向。这种思想和背景的多元化与多样性有利于用不同的方式来建构一个故事，从一开始就是明晰了这个故事是否可以被报道、从哪个点切入进行报道、报道主题思想是什么等问题，为之后的报道方向和报道路径打下了坚实的基础。

西方国家广播电台制片人在提出故事点子时会注意以下几点：

确保真的有这么一个故事，而不只是一个模糊的想法。如果建议做“改造老年人的房子，这样老年人就不需要去疗养院养老的故事”，那么可能要对这个故事有一个清晰的认识，并有合适的建议方式。比如，“我认为我们应该做一个关于这个行业的报道，这个行业一直在帮助老年人改造他们的房子，这样老年人就可以不进养老院。我发现有调查显示绝大多数老年人都想待在自己的家里。还有一些文章说，一些帮助他们改造房子的公司正在获取巨额利润。”

如果故事点子是由某一篇报纸文章激发而来的，那么要确保自己知道如何推进这个故事。比如，在报纸上读到了这个故事后，还有什么想要回答的问题？谁能回答这些问题？主持人或记者如何以一种新的方式来处理这个问题？

如果故事点子是受到学术研究或政府报告的启发而来的，那么要阅读原文献。不要指望电传或报纸能够提供什么有趣的或有新闻价值的东西，自己要阅读这份报告并作出决定。同时，要确保报告中确实包含新闻元素，或者确保是新的研究成果。

看看其他同事以前是否报道过类似的故事。西方国家广播电台一般都有一个电子文本档案库。如果发现有人已经报道过类似的故事点子，那么就得问问自己，是否有足够的新闻素材来说服记者或主持人重新来报道这个主题。想想新版本和旧版本有什么不同。

建构好故事点子，这样的话故事焦点就不会受到任何质疑。不需要把收集到的所有事实都放进故事点子里，但需要知道故事的戏剧张力在哪里，现在发生了什么证明这个故事值得被报道，以及为什么当地小镇里的人、当地城市里的人或当地所在的州以外的其他人会关注它。

弄清楚故事是应该通过新闻播报还是通过主持人采访来讲述。很多时候，制片人思路的清晰程度与他对故事的了解程度成正比。制片人必须清楚在讲述这个故事的时候要提供几种不同的声音吗？这个尖叫是为了制造一个场景吗？或者说，如果让这个声音来讲述这个故事的话，是否可以更节约一些成本呢？这个故事是否过于有争议或过于模糊而需要用其他声音和场景来充实它吗？

如果提议做一个采访，那么要建议提哪些问题可以引出那些发自内心深处的、未经排练的，甚至令人耳目一新的回答。如果是要去采访著作者、政府官员，或其他“专业谈话者”，这点是非常有用的。想一想如何让这个采访与客人接受过的其他采访有所不同。

西方国家广播电台成功的制片人知道如何通过提议事件人物、事件地点或声音来“营销”他们的故事点子，这些提议使他们的故事点子在广播

节目中栩栩如生。寻找可能与传统观念产生碰撞的张力、冲突或结论。一个很棒的点子会让人有所感触，让人感到悲伤、失望、迷茫，或使人发笑。制片人可能永远不会上广播，但是当他们提出点子的时候，其实他们就是主持人。西方国家广播电台在广播新闻节目制作过程的一开始就对故事点子高度重视，这一点值得我们借鉴，因为这种做法不仅从一开始就对新闻报道节目的内容导向进行把关，而且可以避免广播新闻报道在内容上的同质化，突出广播新闻报道的新鲜性和独特性。

第二节　采访录音编辑

西方国家广播电台大部分采访都是录制的（或是“预先录制的”），“现场直播”节目也是要录制的。大多数公共广播电台的采访在播出前都会经过编辑，有时还是经过很大程度的编辑后才会在广播上播出。所以，制片人要具备剪切和编辑的技巧，比如说，知道如何在截稿时间的高度压力下把 25 分钟的访谈剪辑到 4 分钟的访谈录音。

为了使后期的采访录音剪辑与制作工作更加顺利，资深编辑和制片人通常会在前面的采访过程中就参与进来，他们会待在采访现场，并就如何剪辑音频进行商讨。在这个编辑过程中，制片人要决定采访的哪些部分、哪些观点是必不可少的，并把这些好的点子打包制作成节目，而且使最终的节目内容前后连贯、扣人心弦，甚至美轮美奂。为此，制片人在采访过程中会注意以下事项：

无论何时，都要尽可能地提前做好采访准备。在有些节目里，制片人会提出故事点子，找到接受采访的人，对其进行了一次预采访，并为主持人写好导语以及建议主持人要提的问题。在上述情况下，制片人一定要对节目所报道的主题相当了解。在其他节目中，制片人是在最后一刻才被叫去剪辑音频的，可能他只知道客人的名字、访谈的主题，以及这个节目的时长。不过，大多数情况下，制片人会有几分钟或几个小时的时间来了解自己手头上这个节目的主题。在这一小段时间里，如果制片人要做新闻采访，那么他会将一两篇通讯社相关文章打印出来仔细读一读。如果其他人已经预订了他想要找的那位客人，那么他就会向主持人索要他手头上有的剪报或相关背景信息。制片人可能需要依靠这种材料来确认主持人提出了所有的关键问题。

了解采访的目的。即使是制片人自己提出来的故事点子，也要确保主持人、编辑和高级制片人都同意他从采访中希望获得的内容思想。他是需要一个讲述事件经过的目击者吗？还是一个“解释者”——客人提供故事的背景信息，这个故事之前已被其他媒体报道？抑或是一个分析者？或是某个重要人物的故事？在主持人提第一个问题之前，每个人都应该在采访内容焦点上达成一致意见。

采访时要仔细聆听。这可能比看起来要难得多，因为在主持人与客人交谈的同时，编辑或工程师可能正在跟制片人说话；电话铃响起的时候，可能主持人或工程师需要去接听电话。直播室里有太多的干扰让制片人无法真正仔细地来聆听采访。但是制片人还是要尽可能地去仔细聆听采访内容，以便更好地消化那些内容，并在后期的剪辑工作中了解哪些内容是重要的、要保留的，哪些是可以被剪切的。

记住访谈内容。有些制片人会尽量记下每一个提问和回答，有些人只记下问题，有些人则什么也不记。选一种适合自己的方式，记下访谈内容的关键点，这样就不会陷入细枝末节的泥潭，而是能够把握回答中体现出来的精神。

当访谈进行时，考虑一下如何对它进行编辑。制片人可能想做点笔

记来提醒自己哪一对问题与回答是相互匹配的，哪一个回答对问题是答非所问的。在采访进行的时候，制片人可能就已经在脑子里不停地进行剪辑，在采访进行的过程中不断地对内容加以衡量，比如是否提出了犀利的问题，是否得出了强有力的回答，是否得到了一个能使这个访谈干净利落结束的回答，是否要提醒主持人重新提一下那个没有得到完美回答的问题。

采访结束后，向主持人询问采访情况或进一步跟进。客人的言论是否没有争议或者没有事实不详的地方？采访是否涵盖了制片人和主持人都希望涵盖的所有基本问题？

一旦主持人离开了直播室，制片人就没有机会向主持人提出问题，也没有机会让主持人发表看法了，而主持人的看法可以使制片人在编辑音频过程中更加得心应手。因此，制片人会在客人离开直播间（或挂断电话）之前，确保得到了建构新闻故事所需要的东西。

其次，采访完成后的采访录音剪辑工作也是一门艺术。如果一个人拿一块粗糙的大理石凿下来，把它做成一个抛光的柏拉图半身像，那么人们会对其创造力和技巧感到惊讶。其实，这也有点类似于制片人所做的音频剪辑工作。如何巧妙地、深思熟虑地、尽可能地在最短的时间里编辑好采访音频，下面是西方国家广播电台一些经验丰富的广播新闻节目制片人提出的建议。

与编辑和主持人讨论制片人提议的采访编辑方案。有些主持人这个时候不希望参与讨论，但制片人应该始终告诉编辑哪些部分他认为值得保留，看看他的直觉是否与主持人的判断相吻合。

听采访录音，然后开始做一个粗略的剪辑。制片人站在走廊上与高级编辑和主持人商量时提出的一些编辑策略，可能在他真正听到音频时会发现这些策略并不奏效。所以，首先要切掉那些枯燥、冗余、离题或令人困惑的提问和回答。如果一个20分钟的采访，而节目里只有4分半钟的录音时，那么差不多十六分钟的东西都要被切掉。制片人可能在第一次编辑中，就要切掉10分钟的采访，剩下来再慢慢剪切，剪切的原则是必须包含“人物、事件、时间、地点以及原因”。制片人还得写个新闻导语，这时他可以把原采访中删掉的一些东西写进导语里。这有点像剪发，从长发到短发，先剪出基本形状，然后来处理发型风格。

相信自己对采访的反应；如果其中的某些东西打动了制片人或引起了制片人的兴趣，那么它很可能会以同样的方式影响听众。只要有可能，寻找具体的例子来说明抽象或复杂的观念。个人逸事、亲眼看见、幽默时刻和各种惊喜都会使采访更加令人难忘。

关注提问与回答之间的内在联系。广播不能像报纸那样可以用省略号来显示被应用部分的省略，或者像电视采访那样可以用图像视频渐隐的方式来压缩，广播访谈不可以通过任何明显的方式来揭示对采访录音的编辑。所以，制片人在修剪提问与回答的时候要很小心，不要去改变这个人说话的意思。

当剪切音频的时候，要对情绪或语调的变化很敏感。在访谈中真正需要的回答往往是被采访者所说的话中的三分之一的内容，制片人可能会删掉那些没有直接回答提问的话，这时就要处理好情绪或语调的变化。有时被采访人所说的一段话的中间部分与开头部分的说话方式不一样，所以当制片人切掉回答中的开头部分时，它会听起来像是人为剪切的。有时被采访者在比较长的谈话过程中，说话的语气也可能时有变化，有时听起来快活，有时听起来严肃，有时听起来充满防御性或冷漠，而主持人可能有时听起来好奇、有趣、着迷，有时听起来怀疑或困惑。如果制片人在采访中剪掉了第5分钟到第10分钟的那段话，制片人可能会发现他编辑的音频内容随着说话者语气上不自然衔接而发生了改变。在此，公共广播电台的一

些资深制片人提出了一些剪辑的小技巧，可以帮助掩盖这些情绪上的变化。比如，插入一小片刻的暂停，一个深呼吸声，或者一大口气息音的“嗯”等，都会给听众一种暗示，下面将是一个过渡了。这么做的目的是让采访录音剪辑中的过渡很平稳，不要让故事失去它的叙述性。

确保所做的编辑是合乎逻辑的，并且在技术上是完美的。面对一个迫在眉睫的最后截稿时间，很容易意外地剪掉一个问题或回答，使之听起来语法不通，或剪掉了一个音节，或在两个短语或句子之间留下两个呼吸的气息声。为了避免剪辑失误，制片人会戴上耳机来对音频进行剪辑，因为戴上耳机可以确保连完整的呼吸气息声也能听到。如果把呼吸声从中间剪断的话，或者以上扬声调来结束一个句子，都容易让听众听出剪切的痕迹。

如果很难把采访的时间缩短到规定的时间内，那就听听别人的意见。如果截稿时间快到了，而且制片人很难把采访剪辑得足够短，那就去听听别人的意见。比如，去问问主持人更喜欢采访中的哪一个提问和回答。

确保剪辑后的作品像正常的谈话。有时，一个制片人过于专注于技术和编辑的细节（如他保留了采访的基本要素，做了完美的编辑，保持了完整的呼吸等），但是剪辑好之后的成品听起来却不像是一个正常的讨论或谈话，因为有时候插进来的话听起来不连贯，好像是硬组合在一起似的。所以制片人在剪辑完之后还要再听一遍，以确保所有的衔接都是无缝的，任何事情都不应该听起来像是突然向人们扑来。

总之，一个好的采访新闻音频持续时间一定不会太长，它会让人们开心而笑，或者给人们提供信息，或者给人们以某种触动。就像任何一个好故事一样，剪辑后的音频有一个开头、中间和结尾。在某种程度上，成功的剪辑后的采访录音内容就像电梯里的一场精彩对话。一个人刚走出电梯，谈话就结束了。如果一切顺利，那么谈话会有一条线索，一点笑声，然后电梯门就关上了。制片人做采访录音剪辑，就好比制片人知道电梯门就要关上了，然后他要在最后一刻挤进电梯，而且他一进电梯时，电梯门刚好关上，那么不仅电梯里面的人（采访过程中的被采访对象）感到满意，而且听众也会觉得更满意。

第三节　采访混音编辑

西方国家广播电台的新闻节目在广播上听起来“悦耳动听”，其实最开始都是一堆零散的东西——主持人（播音员）的播报音、记者的采访录音、采访现场的环境音或音乐。这些采访录音、播报音和环境音通常都是由制片人以适当的方式将它们混合剪辑在一起后，在广播上听起来才那么好听。美国公共广播认为，新闻音频最理想的情况是，里面有记者录下的环境音来帮助记者讲述故事，声音不应该只是被当作一种装饰或点缀。最好的环境音可以替代播报音和采访录音，比如刚刚去世的老政治家的葬礼挽歌声，或推土机拆除在飓风中毁坏的房屋废墟的声音，或大学生对预备役军官训练团回归校园的抗议声。这些环境音会让听众产生身临其境的现场感，仿佛人们听到了这些事情的发生。有了这些环境音，记者就不必用语言文字的细节表达来描述场景。听众的耳朵会填补叙述中的空白，声音帮助他们看到葬礼、失去的家园和大学生的示威。

正因为声音有重要的叙事作用，西方国家广播电台的制片人在节目制作时，会想办法用一种既合乎逻辑又有说服力的方式来运用各种声音。制片人每一个对声音的编辑制作决定都应该在某种程度上支持内容。比如，让某种声音渐强，或者让某个声音被清晰地听到，或者把某个声音调到最大音量，或使它渐弱渐隐等，这样做并不应该仅仅是为了让新闻音频听起

来好听，或者是因为记者说要这么做，而是因为这种声音有助于帮助听众理解一定语境下的作品意义。如果记者以一种与作品意义相冲突的方式来使用声音，那么这将会令人感到困惑，或至少使人分神。所以制片人在做混音编辑时，会特别注意声音对故事的烘托作用。

通常情况下，声音会发出这样的信息："我们在这里，我们听到这些东西。"因为这个原因，人们不希望声音来得太快，这样会暗示采访录音是在这个地方录的，而记者却在另外一个地方。当记者离开现场时，应该经常渐隐、渐淡化现场的声音。例如，如果停止讲有关葬礼的事情，并开始告诉听众外交官在他的职业生涯中所做的事情时，可以让挽歌的声音渐弱渐隐。有时可以把音效剪贴到一个有意义和有趣的地方，比如当沮丧的中学生正确拼写出单词的时候。有时可以把声音完全淡出，紧接着有一小片刻的沉默，用以表示场景、主题或时间背景的完全转变。声音完全淡出就像一本书翻到了一个新篇章。一些记者会自己建议怎么来巧妙地运用声音。但是，如果他们没有提出建议，制片人自己要好好地编辑他手头上的音频，使记者的作品尽可能地引人入胜。

以棒球比赛的广播报道为例，新闻作品中声音出现的顺序应该是这样的：首先听到的是球棒击球的声音以及人群欢呼的声音，然后是播音员说："他晃了一下，是个直线球！"而不是先听到播音员说"他晃了一下，击球得分，是个直线球"，然后才听到人群欢呼。有时声音出现的秩序如果安排不当，会让人听起来觉得不自然，甚至觉得滑稽。比如，一个记者描述他在中东某首都城市的一幕，在播报音中说到"穆斯林在院子里祈祷"，然后人们听到祈祷的声音；或者一个记者说，"一只公鸡在叫着，"然后听众在广播里就听到了公鸡的打鸣声。这种高度加工化的作品给人留下的深刻印象是，这个记者给了音效师很多暗示。因此，制片人在做混音编辑时常常可以剪切掉一些冗余的声音，使内容更沉稳精细。

西方国家广播电台新闻音频制作中的一个老套路就是，新闻采访会从

一个环境音开始，比如机器声、钉钉子的声音或敲门声。如果这个声音听起来不是很清楚，那么制片人会在这个声音之后贴上记者的几句话来帮助听众定位，并帮助听众理解这些声音的意思。但是，一些制作人并不鼓励记者在作品开头使用环境音，除非这个声音真的设置了一个场景。比如，如果在一条新闻的开头用的是某人宣布伦敦将举办奥运会——“我很荣幸地宣布，2012 年奥运会……”然后听到一片欢呼声。这才是应该在作品开头使用的声音，而不是在作品的开始使用大本钟的声音。

在有些情况下，制片人喜欢使用可以唤起情感的声音，即使记者没有这么要求。有时，记者们会全神贯注地把他们收集到的所有信息都放入音频作品中，以至于不太使用他们录制的环境音。这个时候，制作人可以成为记者及其作品的代言人，对作品里的声音元素进行编辑。比如，在危地马拉的报道旅行中遇到了一位木琴演奏者演奏一首很棒的音乐，制片人认为这个音乐需要占用 20 秒的空间，因为这个音乐体现了这个故事的主题，它需要占用更长的时间，但是作品里面只有两处分别有 10 秒钟和 5 秒钟的空间可以用来播放音乐，那么制片人可以决定从音频三分半钟的时候开始放到四分半钟的时候。偶尔，制片人只有在与记者和编辑商讨后，会在一个完全没有音乐或其他音效的故事中添加音乐或音效。

除了环境音、音乐或音效外，制片人在做混音编辑时，还会遇到带有翻译语的采访录音。通常，制片人会听到外语的开头部分，然后是翻译的内容。当没有人会说阿拉伯语、希腊语或俄语时，就会出现问题，因为制片人不希望译文与原文的意思不一致。幸运的话，记者会给他提供一些制作说明和语音提示，这样他就知道语义大致是正确的。当制片人有疑问的时候，无论如何要跟记者联系，确保制片人把正确的采访录音与正确的翻译配音相匹配，并且是在一个逻辑合理的地方开始放这个采访录音的。一般来说，制片人会把讲外语的人说的话放在前面，然后在其后切入翻译说话的声音，这样听起来会合乎逻辑。虽然这些外语语音能唤起本族语听众

的强烈民族情感，但是作品中听众听到的外语成分越多，这篇报道持续的时间就会越长，而广播新闻的时长限制是非常严格的。在这种情况下，制片人会考虑好在采访录音结束时，再放一段讲本族语的人用其本族语讲话的声音，这也是电视报道里可以看到的常用手法。

剪辑的艺术依赖于一定的技巧。那么多少算是太多了？是否每一个环境背景音都表明记者确实在现场，而不是在直播间？当某个采访是录音采访时，主持人是否应该向听众说明这是事先录制的采访录音？如果一个现场采访在节目中是以"滚动"重播方式播放的，那么在它播放之前是否应该先宣布它是之前录制的呢？整个节目是否应该以这样的宣告开始呢？虽然说西方国家广播电台的节目制作伦理原则是所谓的"公正""负责任""不误导""不欺骗"以及"追求真理"，但是广播电台在如何进行混合编辑音频方面几乎没有任何硬性规定，大多数都是靠主观判断和决定。

西方国家广播电台在对新闻音频进行编辑和剪辑的过程中，制片人既要对故事的主题很敏感，也要对记者的传播节奏很敏感。当记者谈论汽油价格时，这种"紧凑感"听起来还不错，但如果同样一位记者随后又描述一个死于白血病的孩子，这种衔接可能是不合适的。一段主持人的播报音后面要以多快的速度跟进一段记者的采访录音？制片人要把一个环境音延展多长时间？一段外语的采访录音要播放多长时间？记者是否要以清晰的环境音来开始一个报道？所有这些决策都需要制片人作出有艺术性的、创意性的判断。

第四节　户外节目制作

户外报道制作需要出色的组织技能。这项工作不仅仅是报道一篇文章的智慧和创造性过程，而且也包括所有实用的东西。比如，要在任何一个未知的城市里都做到轻车熟驾，以及在任何一个不熟悉的地方也可以最高效地开展工作。

在户外节目制作过程中，制片人几乎总是和主持人或记者在一起的，特别是在做重大新闻报道的时候。去做户外报道一般都是有突发新闻发生的时候，比如，一场战争、一场飓风、一次恐怖主义事件或其他一些灾难性事件。他们在醒着的大部分时间里思考或谈论的都是他们的新闻故事。大多数情况下，外出报道不会十分紧张，但在最好的情况下，这项工作仍然需要与另一名记者密切合作，通常一次工作几天，有时几个星期。

许多户外现场报道制片人会采取的第一个步骤，就是把故事聚焦，并确保记者或主持人的看法或见解得到事实的支持。这通常意味着要做一些紧张的图书馆资料搜索和研究工作，另外，还要打很多电话。在这一点上，制片人可能不是打电话给相关人士请求采访，而是开始收集信息，并记录人们的观点。愤怒管理课程有用吗？把灰熊从濒危物种名单中删除是一个好主意吗？政府是否对袭击得克萨斯州的自然灾难做了充分的准备？当制药公司赞助医学研究时，它们是否会影响研究的进展过程及研究结果公布？

随着故事逐渐成形，制片人下一步的工作就是开始为记者或主持人列出一个他们可以去做访谈的联系人名单。制片人要预先对这些名单上的人进行采访，听听哪些人会讲很有趣的故事，哪些人谈论事情的方法很新颖。当制片人打电话和收集信息时，要经常与主持人或记者碰面，和他们聊一聊自己发现了什么。制片人还会思考如何让户外节目听起来不仅仅只是一连串访谈。比如，访谈中可以加些什么场景让故事变得生动起来？

接下来，制片人要为和他一起工作的记者或主持人拟定一个时间表，列出想要采录的访谈和事件。为此，事先要非常仔细地做好安排，以确保采访工作的顺利进行。制片人在去做户外报道时可能会详细地把要做的事

情记下来，不仅包含被采访人的姓名、单位、职务、电话、邮箱，而且还会备注不同的电话号码，明确哪个电话号码可以在什么时间段里拨打，甚至标注从机场到办公室开车应该在哪个路口拐弯、沿着哪条路走多远等。制片人要预先安排好户外制作行程中的每一件事，而不仅仅是安排某一次采访。因此，制片人必须要清楚每一站要在哪里停留；要备张地图，它可以帮助制片人了解从一个采访点怎么到下一个采访点；多向当地联系人请教（因为当地人知道哪条高速路出口是否通行，或者哪家地标建筑已经被其他地标建筑所取代了）。如果制片人是和一位工程师一起出去进行户外报道的话，那么他可能会让工程师去了解采访地的录音条件。制片人甚至可能会查看一下哪个地方吃饭方便。一旦有了明确的户外报道的行程计划，至少要和同意接受采访的人再见一次面，以确保他没有忘记任何事情。

做户外报道的制片人至少要扮演三个角色：旅行社、记账员和创意人员。 做户外报道时最重要的挑战之一，就是时间管理。制片人要给主持人留足够的时间，让他能够去感受到现场的氛围，要确保在录音带上录下来有用的东西。主持人在现场时都变成了记者，他们必须去查看现场，要有时间记笔记、进行观察等。

到了报道现场后，进行户外报道的重点是要捕捉现场感。所以，制片人要事先考虑好如何让他的采访听起来与人们平常听到的采访不一样。他可能想让受访者带记者参观一下他的实验室，或者描述一下家庭相册中的一些照片，或者指出他是在哪里被捕的。规划户外报道行程时，制片人可能会策划好各种场景——凤凰城移民家庭的烧烤会，游客观赏灰熊的黄石公园，亚拉巴马州巡视委员会的听证会，新泽西州克利夫顿的经典汽车之夜等。所以，制片人要睁大眼睛，竖起耳朵，随时关注周边所发生的事情，以确保已经录到了对报道有意义的声音。

反正把尽可能能录的声音都录下来。因为第二次再回到同一个地方的可能性非常小，所以尽可能多地收集声音。比如，一个很响的锣声，下车门开门的声音、关车门的声音和汽车发动机发动的声音，因为说不准什么时候就需要用上这些声音来转换场景，即从一个场景切换到另一个场景。此外，由于制片人不知道他录下的声音会被如何编辑到最后的新闻作品中去，所以，他要录下不同距离、不同背景下的声音。尽管制片人身边有一位音频工程师，他也有责任确保正确的声音在正确的时候已经被录下来了。

在有些情况下，制片人可能会被派到新闻发布会上去录音、进行采访，或做其他任何通常是采访记者或通讯记者所做的事情。所以，制片人要时刻准备着，随时带着正确的设备和正确的态度去执行任务。所以，西方国家广播电台经验丰富的制片人掌握一些实地报道技巧非常重要。比如：找一个能在现场提供帮助的朋友；带齐全套工作设备，包括电池、麦克风、电线插头、笔记本、迷你光盘或闪存录音机等，做好从早上起床到晚上睡觉前一刻都有可能要进行录音的准备；要准备好每个被访者的备用电话号码：一个工作电话号码、一个手机号码、一个家庭电话号码和一个电子邮件地址；多录一些额外的环境音，包括每一个场景，每一次采访后，以及其他任何制片人认为可能需要录音的地方，因为制作人员可能再也不会回来这个采访地点了；确保对人物和地点进行具体的描述；对任何可能难以识别的声音要加以解释。在离开一个采访地之前，确保所有的录音都是能够在广播上播放的；在日程表中预留出一些时间来处理意外情况，或跟进一些在报道过程中可能发现的意外线索；不要穿容易发出声音的鞋子，因为走路的时候会发出噪声。

最后，制片人还要清楚在户外采访地如何上传音频文件。许多户外现场制片人在执行任务时都会拼命地工作，然后把他们所有的音频都带回来，在相对安静的环境里对故事进行编辑和整合。但有时制片人也要在采访现场将这些音频文件上传，所以，他也应该了解文档的上传格式与上传方式、是否有互联网、是否有其他途径来发送数据、连接线路是否通畅，事先测试好所有的设备，了解电台对音频的技术要求，确保文件的上传目录或上

传文件夹是正确的，并在现场先尝试一下上传文档，同时还要做好多个后备计划，以确保所有文档都可以通过某种方式上传并在广播里播放。如果上传的每个音频还需要其他人对它们进行混音编辑，那么制片人要清楚地告诉那个人自己的想法。

在实际工作中，有不少制片人本身就是记者出身，或者记者平时做的事情和制片人所做的工作有不少是重叠的。换句话说，制片人和记者这两者之间的工作在很多方面有相似的或相互交叉的地方。如果非得指出制片人和记者这两者之间的区别的话，可能有以下两点：第一，制片人一般不会出现在广播里，而记者会经常出现在广播里。广播新闻节目注重为听众塑造一种现场感，记者和受访者的现场访谈录音常常是美国广播新闻不可或缺的重要部分。第二，制片人的工作范围比记者的工作范围要宽泛得多。制片人的工作事无巨细，大到报道什么新闻、如何报道，小到各种后勤、物流工作。因此，制片人往往需要有出色的组织能力，能够让团队在任何一个未知的地方都能快速地投入高效的工作。从某种程度上来看，制片人可以说是整个户外新闻报道制作过程中的指挥官，并对最终的节目质量负责。

当然，户外节目制作是一项团队工作，是由制片人、记者、主持人或更多的团队成员一起来共同完成的。不管是谁提出的故事点子，或者是谁做的采访，整个户外节目报道和制作过程需要团队所有成员的共同努力。

第五节　建构节目阵容

一、故事整合

制片人要把广播节目的各个片段整合到一起，从所收集到的原始访谈录音和现场环境音中创建出一个故事结构。制片人要把最好的实地采访录音和环境音剪辑好，并把它们组合成一幕一幕的合乎逻辑的场景，勾勒出这个故事。制片人可能对采访录音中提问的顺序进行重新排列，甚至是重新排列受访者回答的语句顺序。通常美国广播专业人士可以这么做，这也是他们称之为制作（而不是编辑）的原因。也就是说，他们想让新闻报道或新闻访谈更具可听性，他们尝试加快采访的速度，收紧答案，使整个采访过程听起来更加连贯，或者避免采访录音的结尾听起来很突然。

有些制片人会把他选好的所有实地采访录音和场景写在一个清单上，然后来分析如何按逻辑顺序来安排场景剪辑。最重要的是，制作人的目标要锁定在引人入胜的访谈录音上，剪切掉那些拖沓、混乱，或模糊不清的访谈录音。

制片人会预估最终的作品要用到多少访谈录音，但几乎所有的制片人都会选择比他们的预期更多的访谈录音。如果可以的话，最好和记者或主持人坐在一起，解释一下为什么他认为他所提出的结构是有道理的。制片人的故事必须是从导语开始的，而不是从第一段采访录音的剪辑片段或第一句新闻播报开始的；报道也需要有一个结束语，而不仅仅是把一个广播结束的符号粘贴到最后一个采访录音后面。制片人可能还想听听记者提问或者记者对受访者所说的话作出回应，抑或是解释为什么记者认为某个元素会给故事增添戏剧性或和谐感或改善故事的节奏。

许多现场报道的制片人向他们的同事提供一个大纲，其中包括每场访谈是在哪里录音的，访谈中说话人的姓名和职务头衔。有些人做得更加细致，会建议用哪句话来导入一场采访录音，解释为什么从一个场景转换到下一个场景是符合逻辑的，并会写下他们通过自己的研究和报道发现的一些事实。

最后，就是记者或主持人写脚本。记者或主持人可能会在采访结束的当天写，也可能是几周后才写。如果记者或主持人不按照制片人的大纲来

写，制片人一点儿也不要觉得惊讶。有时记者或主持人会完全改变原来的大纲结构，并对之进行重新安排。

制片人完成以上工作以后，还要让编辑再去听一下剪好的音频，看看它是否有逻辑上的不一致，或是否有令人困惑的地方，或是否有枯燥的音频的时候，编辑是不知道被采访人的名字的，也不能去验证作品中的事件是否属实。当制片人制作户外报道时，制片人必须对事件内容的真实性负责。很多事件的事实可以简单地通过对比脚本内容和录音内容来进行检验。

故事的整合就是通过将不同音频剪辑在一起，形成故事张力。关于不同音频片段的混合编辑、采访录音的编辑或剪切等新闻节目制作手法，美国公共广播电台并没有制定出一套完整的伦理道德规范，只是确定了一些一般性的原则。比如：记者要确保现场采访录音、受访者所说的话或其释义都是准确的，并且是在适当的语境下使用的；受访者或发言者的现场采访录音中所回答的话语必须是与其被提问的问题相对应的；如果在节目中要用磁带或早期新闻报道故事里的材料，那么必须在节目中清楚地指出来；记者有责任确保对音频材料的使用是符合受访者或发言者的意图的。

广播新闻节目制作过程中对音频的剪切、编辑等制作手法，虽然可以使广播新闻节目听起来更简洁有力、观点分明，但也有可能改变了现场采访环境中说话者实际表达观点和立场的坚定程度、强硬程度或情绪氛围。虽然美国公共广播电台有相关的新闻工作者道德和实践守则规定，但是，关于如何具体操作或把握广播新闻节目的音频作品在制作过程中“被编辑”和“被剪切”的“度”，美国公共广播电台几乎没有硬性的规定，很多情况下都是凭广播新闻机构工作人员的主观判断来决定如何混合和剪辑音频作品。

美国学者 Cook 和 Sparrow 分别在其著作《通过新闻的治理——作为一

种政治制度的新闻媒介》[①]和《不确定的互为者——作为一种政治制度的新闻媒介》[②]中提出了新闻媒介"政治制度说"，把新闻媒介看作一种政治制度。从这种角度来看的话，美国广播音频新闻理念和制作惯例，实际上都是一种制度，并遵循制度化的常规做法。

二、板块建构与衔接

广播新闻节目制作需要把不同的新闻组合到一个节目里，而且要保证节目中的不同新闻听起来衔接合理，也符合听众的收听习惯和心理接受习惯，那就需要在节目制作时创建好不同的板块，把同类或相似的新闻放在一个板块里，同时注意不同板块之间在逻辑上的连接与安排。可以说，一个综合新闻类广播节目，有点像把打乱的拼图重新拼好。开始时，只有几块图板，但这些图板只能拼出整个画面的某个部分。比如，这块好像要摆在中间位置，而另一块则应该摆在角落的位置。当手头上的拼图越来越多时，就要找到方法将它们连接起来并摆放在合适的位置上，并使这些零散的拼图拼成了一个完整的图画。最重要的是，在广播新闻节目制作时，摆拼图的时间非常有限，听众时刻在等待着最后的拼图是什么样子。

西方国家广播电台的新闻节目制作就像摆拼图一样，拼图的板块包括新闻报道、采访、评论、书籍和电影评论，以及其他各种音频片段、磁带及其誊写稿、诗歌等元素。大多数有新闻价值的元素，不管它们是什么，通常都会放在节目的开头。但是有一些其他的元素，必须对它们进行编排，

---

① Cook，T.Governing with the News：The News Media as A Political Institution［M］. Chicago：University of Chicago Press，1998.

② Sparrow，B.Uncertain Guardians：The News Media as A Political Institution［M］. Baltimore：The Johns Hopkins University Press，1999.

常常还需要反复地重新编排，以便刚好可以插入每个节目板块规定的时间里（一个小时的节目里可能有五个时间长度不同的板块——“最前面”的是A板块，末尾是D板块或E板块）。本来铁板钉钉要在明天上午10：00播出的报道可能在今天下午3：00左右临时取消，最新的突发新闻会迫使他在节目开播前几分钟的时间里把节目内容重新建构。无论节目的制作过程多么复杂和手忙脚乱，制片人都必须确保让广播节目的内容听起来连贯、精致和权威。

如果说制作广播新闻节目就像是拼图一样，那么西方国家广播电台拼图的理想结果是，拼出来的“图画”应该是一件艺术品。它有光明和黑暗的对比，讲究平衡与节奏。换句话说，一个好的广播节目的整体效果应该总是大于它的各个组成部分的总和——特别是现在人们都可以从网上单独（以任何顺序）下载某条或某些特定的广播新闻音频。

西方国家广播电台为了达到理想的拼图效果，节目制作的一个原则就是以某种合乎逻辑的方式将播报和访谈组合起来，从而使一个故事能够补充和放大另一个故事，而且使这些故事之间具有一种连续性和内聚力。信息是完全一样的，但是，各个部分拼凑在一起的方式增强了整个节目的听觉体验。换言之，西方国家广播电台在新闻节目制作时，要使一个新闻节目所包含的每个组成部分之间有一个紧密的结构，并具有一条叙事流，推动故事不断地往前走，从开始到最后，都是不断行进的。主持人充当着向导的角色，把所有这些信息贯穿起来，把听众从一个主题引到下一个主题。

广播新闻杂志类节目中包含有不同的板块，有国家新闻、政治新闻、国际新闻、健康和科学等，但也应该有机会介绍人物、与人打交道。节目里既要有音乐和幽默，又要有观点、分析和评论。节目制作的目的是吸引“大众”，而不仅仅是吸引关注新闻的听众。因此，电台的记者、制片人及其他同事会极力去寻找真正值得讨论的顶级新闻报道的角度，这符合脱口秀的形式，同时也在寻找那些激发好奇心的东西（如一些关于人类精神的有趣的和有创意的东西），以及和人们的生活息息相关的一些话题（如医疗保健、家庭关系以及人们如何利用新技术）。每个节目制作人的目标都是将作品进行恰当的组合，通过让观众沉浸在内容材料中的方式来呈现不同的主题——不管是关于外国首都汽车爆炸的报道，还是关于一本新的美国俚语地图集的采访，还是参观一家教高中辍学者如何烹饪的法国餐馆。

这种综合性板块节目的特点是在一段较长的时间里，把新闻性、服务性、娱乐性的内容有机地融合在一起，由节目主持人播出，使听众既获得信息、知识，也得到艺术欣赏和娱乐感。这种像新闻杂志类的广播新闻节目形式和内容较为丰富多样，各种话题不断转换，对于主持人、节目和电台的形象提升都有直接效应，也更适应现代社会听众的收听要求。近几年，在我国广播中也出现了这种综合性板块节目。板块节目追求的是广播功能的整体发挥，在内容上突出综合性要求，融新闻、教育、知识、服务和文艺于一体，使整套节目成为内容有特点的大综合节目；在编排上力求丰富性，一个板块里有多种题材、多种话题、多篇稿件，此外还有录音片段、音响素材和音乐等有机地串联起来。在这种板块节目中，主持人可以在一个小时或者两个小时的时间里充分地展现自己的个性和节目的丰富性，也容易激发听众的收听兴趣和参与意识。

西方国家广播电台在制作广播新闻节目时还会使用一些其他技巧，以确保他们的新闻节目不仅仅是一些涣散元素的集合体。这些技巧也值得我们借鉴：

（1）建构板块逻辑

不管是策划脱口秀节目还是策划新闻杂志类节目，仅仅把几个相关的故事放在一起是不够的。只要有可能，就有人想用第二个板块的内容来回答第一个板块里提出的某个问题，并在第三个板块里拓展一些在第一个板块和第二个板块里没有的东西，每一个播报或访谈都填补了之前报道中所

没有解决的某些问题。建构板块逻辑，并不是简单地把同一主题的三个故事连在一起，因为如果三个故事之间没有逻辑关系，那么不同的故事或不同的线索会把人带到不同的方向，导致结构涣散。构建板块逻辑，就是要使故事与故事之间既有不同又有联系，使板块与板块之间的衔接流畅、自然、合理。

（2）确保节目有正确的韵律或节奏

最重要的故事不一定是最长的故事，硬新闻报道也可以是简短而气氛紧张的，也许在报道的后面还想紧跟一个更具反思性、更深入的采访。如果采访节奏稍微慢一点，时间稍微拉长一点，内容引人入胜和铿锵有力，那么听众就会想停下手头的事情来更认真地听。单个节目可能由播报、访谈或评论模块组成，它们的时长从一分钟到六分钟或八分钟不等。制片人需要考虑如何快速地转换主题，或者考虑某个特定的主题是否值得花这么多时间来进行报道。如果做得很恰当的话，那么在一个小时的广播新闻时间里，节目是有韵律和节奏的，这样节目就不会拖拉，也不会像连珠炮似的，包含了太多的信息量而且这些信息飞逝而过，听众接受的效果也不太好。如果节奏太慢，听众会换频道；如果节奏太快，听众也会换频道。在谈话节目或热线电话节目中，节奏通常是动态的、可调整的，而且这种调整是在广播正在播放的过程中进行的。比如，如果听众的来电给节目添加了一个此前没有人预料到的维度，那么制片人就会对这个主题进行拓展。

（3）为听众指明节目的“走向”

制片人可能理解自己节目的逻辑，但他们也需要把他们的理解传达给听众。强有力的节目内容预告，就像“雨伞骨架”一样，可以为听众指明方向，激起听众的兴趣，主持人会告诉听众在接下来的十到十五分钟里他们将要听到什么内容。最好的广播节目给人的感觉是有计划的和统一有序的，它会告诉听众，今天的新闻节目中包含哪些主要内容，或者接下来的新闻故事将报道哪几个方面。在整个节目过程中都可以播放节目内容预告，让人们知道接下来会有什么样的新闻内容。

（4）为听众制造一些惊喜

当有人注册一个播客或点击一个广播网站链接时，他是在选择他感兴趣的东西。美国公共广播最大的优点之一是，广播里采访内容的主题常常是人们平时没有想到的话题，或者是他们平时不太关心的话题。他们可能已经知道了关于中东战事的最新消息，但在广播采访里，他们却听到了关于佛罗里达州一名妇女被一只飞鲟鱼打昏的故事。这也被称为“浏览因素”，就是所谓的意外新发现，即广播听众倾向于投入一个突然吸引他的想象力的故事。美国公共广播电台的工作人员在做节目规划时，会给意外新发现留出一定的空间。

（5）检查节目内容是否平衡

西方国家广播电台在建构节目内容时，会注意播报、采访、环境音、音效、音乐、评论等各种必要的元素是否合理地组合在一起，是否存在没有足够的采访，或节目里谈话太多，没有足够的音效，或者观点和意见太多，或者没有足够的人物或被采访人，或者国外新闻比国内新闻更多，或者有关死亡和破坏性的新闻可能比展现希望、有趣或美好的新闻更多等不平衡问题。

三、节目阵容编排

广播电台工作人员都希望自己的广播节目内容平衡、有良好的节奏，但要实现这一目标却是另外一回事，因为截稿时间总是迫在眉睫，新闻消息总是不断发生变化，所以要实现这些目标并不容易。即使是精心制订的计划，也可能需要抛弃重来。比如，本来安排周二有一个故事要报道，但是当周二早上的时候，可能临时取消了这一报道，改为报道其他新闻事件，因为新闻消息随时都在变。

在节目阵容编排上，西方国家广播电台节目制作人首先要面对的挑战之一是选择一个最重要的新闻故事放在节目的开头，也就是选择头条新闻。（或者，对于一些时长两小时的美国公共广播新闻节目来说，会选择两个最重要的新闻故事，分别放在第一个小时的开头和第二个小时的开头。）[①] 无论是商业电台的新闻播报还是公共电台的新闻播报，都把最新近、最及时的新闻放在节目的前面。以这种方式开始一个节目，目的是为那些渴望收听到当天最重要新闻消息的听众服务的。

一旦决定了哪个是头条新闻，那么其他的事情（背景、节奏和平衡）就好办了。电台新闻节目制作人员在看着节目计时器，根据故事的相对重要性来决定新闻故事要放在节目中的什么位置时，就不会那么费力了。硬新闻将放在节目最前面，接着是一条小的软新闻，直到他们用“意外结局”来结束一个小时的节目。但是，有经验的制片人会避免用这种“依照序号填涂颜色”的呆板方法。

例如，美国公共广播电台的 *Weekend Edition Saturday* 节目通常会在其两个时长为一小时节目的板块中的其中一个板块里面，用外国新闻作为开头。[②] 许多外国新闻故事，由于其地点和人物美国听众不太熟悉，或者美国听众对这些故事的理解需要进一步的背景信息和分析，所以听众需要花更长的时间来分辨内容的意思，相对来说也就更难消化这些新闻消息。因此，

---

① 大多数公共广播电台都播出时长两小时的新闻杂志类节目，但不一定按照华盛顿电台节目灌送的顺序。换言之，美国东海岸的一个电台可能决定在凌晨 6 点开始广播 *Morning Edition*，即使这个节目在一小时前就已经开始，实际上是在时长一小时节目和时长两小时节目之间进行切换。或者，节目可能会播放三个小时，在这种情况下，时长一小时的节目可能会被播放两次。因为电台有这种自由，华盛顿电台灌制的时长两小时的节目需要有两个开头部分。

② 周末节目，尤其是周末早间节目，一般都依靠外国记者来报道大部分的硬新闻。在美国东部时间的上午 8：00，当节目开始广播时，欧洲、中东和亚洲播报的新闻将比美国播报的更多。

制片人的做法是，当一个节目需要听众做一些繁重的脑力劳动去理解重要新闻内容时，他会尽量在这条新闻内容的后面紧接着给听众“奖励”一些有趣的内容。

西方国家广播电台一般会建议不要把太多类似的故事堆积在一起。想象一下，一个节目的开头是欧洲坠机事件，随后是在菲律宾的一次渡轮灾难中的采访，接着是一份关于印度神秘传染病暴发的报道，然后是非洲医生抗击艾滋病的故事。虽然每一条新闻都是按地理位置或邻国的关联来排列的，但是，这样一连串的灾难故事本身的累积效应就是灾难性的。听众听到这些估计要叫起来，“够了”！故事之间的连接有很多更微妙的和更好的方式。有经验的制片人会把完全不同的、相互之间没有什么关系的新闻故事编排在一起，只要这两个故事有相似的情绪氛围，那么听众会觉得将它们并列在一起也感觉很自然。

在节目阵容的编排上，有时多样性比流动性更重要。制片人可能会把新闻事件编辑得过于繁杂。但是，不同新闻事件之间的过渡一定要和谐、恰当、不突兀。比如，如果想从一个严肃的话题过渡到像“黑猩猩的成人纸尿布”这样的话题时，制片人会要求放一段较长的音乐来缓慢过渡。所有最顶尖的节目制片人努力想达到的一个目标就是节目的质地感，质地感意味着把听众带到某个地方，让听众好像感受到了那个地方的味道，感觉到那里的空气，然后又感觉到了别的地方，而不是待在密闭的直播室里，只有两个人在说话。质地感也来源于不同长度的报道和访谈。比如，美国公共广播电台的 *All Things Considered* 节目的每个新闻片段大约都是四分钟的倍数，可能这个板块里有三个四分钟时长的新闻，那个板块里两个四分钟时长的新闻。美国公共广播电台的 *Morning Edition* 节目会尽量不在同一个板块里就只说一个新闻故事，有时会故意在八分半钟的时间里安排一段七分半钟的报道，就是为了空出那一分钟去做一些不同的事情。当一个节目的节奏老套乏味时，评论可以有效地给这个节目调节一下氛围。其他节

目则依靠短的音频“片段”来改变节目节奏和情绪。美国公共广播电台的*Weekend Edition Saturday*节目几乎全部都是由主持人访谈组成的，而不是由报道组成的，这也是唯一一个不使用评论的新闻杂志类广播节目。所以，制片人通过在主持人的访谈中添加音效来保持节目的质地感，比如一个旧广播节目里的存档的音频片段，以及最近的总统发言中的摘录等。

为了使每一天的节目听起来都和前一天的节目不一样，西方国家广播电台的制片人还会努力在节目里制造一些能够吸引听众注意的“点滴瞬间”，或者一些特别突出的节目内容。反正就是在内容上或者在形式上制造一些让今天的广播新闻节目听起来跟昨天的广播新闻节目不一样的元素。许多新闻杂志类广播节目都会反复地播放政治、体育、商业或其他主题的新闻内容。如果节目可以录制，那么他会在特定的日子里播放特定的新闻。这样既可以使节目制作更容易一些，又适于观众收听。更形象一点来说，就是既要让节目像旧鞋一样穿得舒服，又不能让节目像旧鞋一样无聊乏味！为了做到这一点，制片人常常需要“玩转”广播形式，不断地尝试以不同寻常的方式来表达。比如，美国公共广播电台的*All Things Considered*在深度报道某一主题时通常会采用的一种方法就是，在节目的开头播放记者的播报，接着是花絮报道或新闻背景采访，最后以分析人员的评论来结尾。节目制片人面临的挑战是，不要让这种报道—采访—评论的序列模式变得单调而重复。不管是在西方国家广播电台或者美国其他任何地方的电台制作新闻节目，制片人都会尝试用不同的方式使节目听起来不显得单调而重复。比如，由主持人就某一主题进行一系列简短采访，或让那些对某一事件有不同经历的人发表一些评论，或将整个半小时或一小时的时间都用于讨论一个主题，或打破常用形式，允许节目内容跨越通常是神圣不容更改的时间限制。

大多数情况下，制作一个新闻节目，一般在节目内容上都有固定的板块和中途休息时间，比如商业广告、保险声明或本地节目插入等。因此，都必须严格按照节目的时间来安排内容。例如，美国公共广播电台的 *Morning Edition* 节目每小时有五个小板块，时间长度为 4~9 分钟。每个板块的内容必须在正确的时间点开始和结束，在板块之间有三十秒到一分钟的衔接时间，在这段衔接时间里，当地地方电台会添加一些他们自己台里的节目内容，比如当地交通情况、天气情况或其他任何内容。此外，在节目的开头或结尾部分都有广播电台制作的新闻播报。节目的不同板块可能在时间长度上长短各不相同，但是每个板块的时长每天都是一样的。

这意味着工作人员不仅要考虑到哪些故事是最重要的，哪些新闻条目可以很好地相互匹配，以及今天安排的电影评论是否可以推迟，因为要腾出空间来播放突发新闻；还必须考虑到这个报道是否符合节目的预算时间。美国公共广播电台的 *Morning Edition* 节目中的头条板块，即“A 板块”，当欧洲发生企业丑闻，中西部发生龙卷风，国会发生动荡，世界联赛动荡不安时，节目板块时长为 9 分钟；在八月中旬，当整个欧洲的企业都关门放暑假，当美国中西部阳光明媚、天气温暖，国会休会，洋基队在美国东部联赛中领先 10 场时，节目板块时长仍然是 9 分钟。因此，必须将新闻材料进行充实或压缩才能填入每一天每一个节目的每一个板块里。如果必须对内容进行剪辑以适应节目的板块空间，那么制片人、编辑、记者和主持人之间可能需要协商和讨价还价。

可以说，在西方国家广播电台，制片人就是一位“通才”，一位颇有经验的“艺术家”。从广播节目的前期策划到广播新闻作品的编辑制作，整个过程制片人都需要非常了解，包括提出故事点子、对音频作品进行剪辑取舍等。西方国家广播电台的制片人就像是一位音频艺术家，他的任务就是把各种声音元素融合在紧凑的时间里，并让这些新闻故事音频有完美的收听效果，能够抓住听众的“耳朵”。西方国家广播电台一直有这种理念，就是广播新闻制作是一门艺术。即使是记者或主持人在广播节目的最后宣告节目结束，但这也是制片人的报道。不管是谁先提出的最初想法，

或者是谁做的采访，整个报道和制作过程是依赖所有工作人员的共同努力完成的。

我国国内广播新闻节目的制作和编排形式略显单一，通常是以新华社的报道加上报纸摘要新闻，再加上一两条本台记者的文字报道组成。这种编排方式的好处是规范整齐，节奏一致，但没有对重大事件进行主动整合和延伸报道，节目缺少重点、高潮与思考，稿件之间的关联性不高，如果稿件内容再缺乏思想性、可听性的话，那么节目就容易显得热闹有余而回味不足。在国际广播新闻节目制作上，我们面对的是海外听众。由于中西方文化的不同、国情的不同、经济的不同，不仅导致中西方新闻报道风格与方法方面存在差异，而且也使国内外听众在新闻接受习惯方面也存在差异。因此，在节目制作方面，我国国际广播新闻节目可以借鉴西方新闻节目制作方面的长处，以便为我们的国家和事业提供更多的支持，更好地提高我国国家广播新闻节目的收听效果。美国传播学者特德·怀特在《广播电视新闻报道写作与制作》一书中，将新闻节目比作一系列山峰和峡谷，中间有高地也有低谷，一次精心制作的节目要像跌宕起伏的山谷，有高有低、错落有致，舒缓、轻快、凝重、低沉等各种情绪合理配合，使整套节目波澜起伏、张弛自如，这样才合乎受众的接受心理节奏，并保持受众的收听兴趣，不至于产生听觉疲劳和心理疲劳。总之，广播新闻节目中的内容和形式，包括声音要素等都要更丰富一些，在讲好故事的基础上充分发挥声音符号即言语、音响和音乐的作用，优化广播新闻节目音频的制作，提高广播新闻节目的海外传播效果。

第八章 结 语

本书从采、编、播、评、制五个方面探讨了中国国际广播新闻节目的制作策略。通过对以美国为主的西方发达国家的广播新闻节目制作进行考察，可以发现，以美国为主的西方发达国家在新闻节目制作的每一个环节都有着严格的把关行为，甚至每个岗位上的工作人员都充当着把关人的角色。

（1）注重新闻节目的故事性

新闻节目的故事性不仅表现在新闻事件的选择和新闻报道的角度上，也体现在新闻内容的前后排列顺序上。不同新闻消息的播放顺序编排或者不同新闻板块之间的前后衔接都要能体现“叙事弧”。换句话说，美国公共广播电台在新闻节目制作上注重“讲什么样的故事”和“怎么样讲好故事”，在新闻的“故事性”上倾注了较大精力。

（2）注重新闻节目的现场感

新闻节目的现场感主要体现在新闻节目里不仅要有主持人的新闻播报，还要有记者和采访对象在新闻现场的采访录音，以及新闻现场的环境录音。这些声音既拓展了新闻节目的空间感，也给听众带来真切的现场感和听觉冲击性。

（3）注重新闻节目的即时性

尽管新闻节目在播放之前已经编排好了，但是遇到突发新闻爆发的时候，原先准备好的新闻节目或播放顺序等便要有所变动，节目制片人要随时准备好用现场的、没有脚本和播报稿的现场新闻报道来替代之前已经精心策划好的节目。

（4）注重新闻节目的制作技巧

美国广播新闻节目制片人还需要掌握一些技巧，比如：建构板块之间的逻辑关系，塑造契合节目特征的正确韵律或节奏，为听众制造一些惊喜，保持节目内容的平衡等。

（5）“大制作”观念

笔者把西方国家广播电台新闻节目制作称为“大制作”观念，即西方国家广播电台的新闻节目制作不仅仅是包括最后阶段时将所有搜集到的不同音频和音效进行剪切、编辑与合成，而是包括从一开始的寻找故事点子，到采、编、播、评、制的每一个环节。这种一开始就从内容与形式上考虑到节目制作的可行性的做法，有利于保证节目在后期能够比较顺利地达到理想的制作效果。

美国公共广播电台在新闻节目制作方面的特点要用一句话来归结的话，那就是要制作出具有“可听性”的广播新闻节目，这样的话才能够吸引听众，提高听众的黏性。美国公共广播电台在新闻节目制作方面的实践操作及其方法和技巧，也充分体现了美国公共广播电台的“受众本位”思想理念。向听众“兜售”故事，抓住听众的“耳朵”，既是美国公共广播电台新闻节目制作的出发点，也是美国公共广播电台在新闻节目制作的立足点。

我国的广播新闻节目，尤其是重大题材报道在制作时也会采用一些方法。比如：准确、真实的采制底线，由别致具象的开头、对比强烈的主题和精致唯美的高潮构成的实用制作技巧。也就是说，在报道的起始部分注

重生动趣味、以小见大、以实代虚，报道主体部分强化效果、制造冲突，报道结尾部分用恰当的音乐、精练的文字混合而成；实惠好用的“对比”制作手法，在报道的高潮和结尾部分应该强化唯精、唯美原则等。

与西方国家广播新闻节目制作理念趋向于实用派观点相比，我国广播新闻节目制作理念则更趋向于理论派观点。在新闻观方面，两者都强调新闻的时新性与接近性，在此基础上，西方广播新闻制作更强调新闻的新奇性和趣味性，而我国新闻节目制作则更强调新闻的重要性和显著性。在新闻价值观上，美国实用派更强调对受众需求的满足，主要从实际应用的角度揭示新闻的使用价值和操纵方法，重视受众的收听兴趣尤其是感官刺激等方面的需求，而我国广播新闻制作则更强调新闻传播的社会效果和作用，重视受众对未知的新近事实的获知需求。这些新闻观与新闻价值观方面的区别，当然也还包括阶级立场和世界观的不同，这是导致两者在制作路径、制作方法方面产生差异的根本原因。虽然由于新闻观与新闻价值观方面存在的差异导致实用派偏重对新奇性、趣味性的追求与理论派偏重对严肃性、严谨性的追求，但是这也不妨碍我们从西方国家广播电台节目制作过程中学习一些实用的制作方法与技巧。比如：寻找好的故事点子，提高讲故事的能力，节目“大制作”观念下的分工与合作等，使我国广播新闻节目在科学严谨的基础上更具象、更“好听”。

作为一种听觉媒介，广播最大的优势是时效性和伴随性，对文化水平和设备的要求较低，覆盖面广。但是，传统的广播媒介也是一种单向时间性的媒介，声音转瞬即逝，内容信息的保存性差。为此，在具体的采、编、播、评、制环节如何提高新闻信息对听众的吸引力和黏度就显得尤为重要，尤其是国外受众的信息需求和接受习惯与国内受众有所差别，这都需要我国广播电台从内容与制作上深刻探讨新闻节目的海外传播策略。为此，将本书所探讨的我国国际广播新闻节目制作策略归纳如下。

（一）广播新闻采写

西方广播新闻节目制作理念更趋向于实用派的观点，重视受众的兴趣和感受，在新闻价值观上强调对受众需求的满足。而受众对信息的需求中，求真、求善、求知、求新是受众最基本的四大需求。西方广播电台在具体的新闻实践中就非常关注如何让新闻采访听起来更真实有力，让广播写作更贴近日常谈话，目的是让新闻更贴近受众。国外受众更偏好接受真实、平易、自然的新闻播报，因此，我国广播新闻节目在对外传播过程中也要注重在广播采写策略方面更符合国外受众的信息接收习惯，既要让采访听起来更真实有力，又要让新闻稿件内容听起来像日常谈话般有亲近感。

1. 让采访听起来更真实有力

西方广播音频新闻中的声音要素一般包含三种类型：一是主持人或播音员的播报声音，二是记者在新闻现场的采访录音，三是新闻现场的环境音。为了让新闻听起来更真实，广播新闻节目在允许的情况下尽量包含现场采访时记者与受访者的问答对话录音以及现场的环境音，这些现场的声音会让受众听起来觉得这个采访很真实。正确的声音往往可以替代几十个甚至数百个单词，也可以像照片一样描述事件和唤起人们的注意力。

要使我国广播新闻节目具有较好的国际传播效果，首先在采写阶段就要做好，除了让新闻采访听起来更真实外，还要尽量让新闻报道里的采访声音具有更好的收听效果，既让听众更容易收听和理解，又让听众“喜闻悦听”。为此，需要注意以下几点：

（1）收集大量信息，思考报道方向

当一有消息传出时，记者要知道去哪里找对事件有第一手信息的人，或者在报道中添加受事件影响的人的采访录音，增加一点新闻“色彩”。手上的材料多了，信息量丰富了，才能更好地了解整个事件并思考和把握好报道方向。

（2）采访要简短，重点要突出

如果截稿时间迫在眉睫，那么可以尽量把每个采访控制好；如果截稿时间晚一点，那么每个采访可以持续大约半个小时或更长一点。记者在访谈时要做好笔记，提醒自己哪一部分采访最简洁、最贴切，这样可以更好地浓缩报道重点。为了符合国外受众的收听习惯，记者要尽量得到一个事件中双方（或多方）当事人的观点。

（3）选择现场采访录音，并将它们按逻辑顺序排列

记者采访时要清楚需要用几个声音来讲述这个故事，打算使用哪一段采访录音，如何将这些声音片段排列组合来建构故事结构。

（4）故事结构尽可能简单明了

如果记者有更多的时间，可以考虑如何使用各种方法（如闪回），或者巧妙的场景变化，或者好的制作设备，来处理故事结构，使故事结构尽可能简单明了。

2. 让写作内容听起来像日常谈话

有好的故事点子，还要能写出好的故事，提高广播写作质量对提升广播新闻的叙事力具有重要的作用。西方广播电台强调记者、编辑、主持人等工作人员都要有较强的写作能力，他们的写作能力对新闻内容的传播效果有重要影响。我国广播电台在制作海外广播新闻节目时，可以参考以下一些广播写作方法：

（1）口语体写作

广播新闻的写作与一般书面写作的区别在于，广播写作的内容是要读出来的，属于口语体写作。进行广播写作时，首先需要考虑说话时读出来的声音，然后才用口语化的词汇、节奏、句法和语法来撰写新闻。在现实生活中，人们说话会磕磕巴巴、吞吞吐吐，然后忘了他们说了什么，然后又重复自己说过的话。广播新闻写作也是一样。好的新闻写作就是记者、

主持人或播音员在精力充沛的情况下，按照他状态最好的一天的说话方式来写作，用他们的声音来写作，用他们常用的词语、句子结构和措辞来写作。以这种方式写作，他们才能真正地“表现自己”的真实可信。

（2）简明易懂

广播写作的总体要求是要以听众能够吸收的速度和形式来传递信息，成功的广播写作至少要让广播听众（不是报纸读者或电视观众）对广播内容一听就懂。换句话说，广播写作最基本的原则是，听众在收听的第一时间里，就能够理解它。因为对大多数听众来说，几乎没有第二次机会再去重复听同样的内容。

（3）写出“可视感”

广播新闻写作要注意将抽象化为具体，要在写作中创造出画面感和引人注目的视觉形象。为此，广播新闻报道中需要有更多的描述，特别一些对重要细节的描述，这么做是为了让听众在听的同时易于在脑海中形成一幅图画，通过这些细节能直接、形象地知道说话者所处的环境或说话者所看到的景象。这些描写性语言与一些现场环境的声音和音响都有利于提高广播新闻的鲜活感和逼真感，而且容易激发受众听觉与视觉的连通，使新闻听起来更生动，更容易让听众在脑海里营造出一种新闻现场感，这些丰富的细节信息所产生的效果会比那些高度概括性的抽象语言更具有说服力、更吸引听众。

（二）广播新闻编辑

面向国外受众的广播新闻节目要注重“用声音讲好故事”，编辑要确保稿件是为广播而写，语句必须清晰有力，避免使用行话和新闻文体的书面语言。在编辑新闻时，要确保新闻报道具有良好的故事结构，即报道有开头、中间和结尾部分。故事应该有核心焦点，而且必须从故事一开始就能让听众明白它是讲什么的。当报道结束时，要让听众很容易就回忆起刚刚报道中关键的场景和观点。在建构新闻事件报道结构时，可以参考以下方法和策略：

第一，故事内容决定故事结构。故事结构往往取决于所讲的故事内容。例如，记者可能参观某个地方，在这种情况下，故事可能是按照地理位置的方式来建构；有时报道是按时间顺序来描述事件，比如解释侦探推断犯罪如何发生的报道；有时会将时间顺序倒置，从最新的发展现状开始，然后进行追溯，比如报道的一开头是社区里的人们举行活动纪念当地某位活跃人士，然后倒回去谈这位活跃人士的职业生涯，让听众了解为什么他给人们留下这么深刻的印象。

第二，采用“悬念设置”的结构，激发听众持续收听的兴趣。比如，记者可以在报道一开始的时候，先讲接近故事高潮的部分，然后戛然而止，接着讲一些必要的事实和背景信息，最后继续把故事讲完，化解紧张。也就是说，把故事的结尾先搁置几分钟，这样容易把听众吸引住，因为听众想知道事情的结果。人们都想听到故事中的主要人物的最终结局，记者只需要在设置悬念后再重新回到最初的故事中，把事情最终的圆满结局告诉听众就可以了。

第三，故事结构必须很好地服务于故事内容，好让故事更容易被人们记住。有时在进行报道之前，新闻内容的结构就已经很明显，但是当新闻内容的结构不明显时，就需要仔细推敲一下。总之，编辑要确保这个故事在广播上播放出来是有趣的，听众愿意逗留三分钟、四分钟或五分钟来听这个故事。记者收集到了声音，收集到了事实和数字，而编辑就是帮助他们用一种叙事流的方式，用编辑认为在广播上听起来会有趣和令人兴奋的方式，把所有材料组织起来。

除了保证新闻报道有良好的结构之外，编辑还要确保各种声音元素的加入能提升节目报道质量，而不仅仅是为音效而音效。如果新闻报道中有使用现场采访录音和环境录音，那么要确保这些声音元素的加入应该能提

升故事的质量，好的内容还要用好的声音表达出来。记者或编辑在整理各个报道场景片段时，要选择最具代表性的现场访谈录音，然后简单地注明一下每个场景的安排顺序。通常结尾部分的录音是最尖锐、最有力、最具前瞻性的，或是从其他方面来看听起来像是个结论的东西。

（三）广播新闻播报

新闻播报是广播电台播音员和主持人的主要工作之一。播音员和主持人的区别主要是，播音员主要是朗读稿件，而主持人除了要朗读稿件之外，还需要有更全面的采、编、播能力。从某种程度上来说，美国广播电台对播音员、主持人在发音准确性和语音悦耳性上的强调程度不如我国广播电台，因为大多数收听广播的听众都是以英语为母语的人，过度强调发音并不是吸引听众的最好方法。在美国，只要是没有语言障碍或异常刺耳嗓音的人，都有可能出现在广播里。

西方广播节目多采用“主持人负责制”，主持人对节目意图和材料取舍具有较大的决定权。他们除了说话流利、声音悦耳之外，新闻综合素养较高，广播新闻节目的主持人往往也是经验丰富的记者，他们通常都是技艺高超的擅长讲故事的老手，有敏锐的判断力，清楚什么东西需要去解释，什么事实可以被忽略，以及如何设置“悬念”让人们等待故事的结尾。

我国实行“主持人中心制”的只有少数台和少数栏目，多数台与多数栏目仍然是编播合作型的，甚至还有一些是采编播分离型的节目。这些类型的主持人和“主持人负责制”中的主持人相比，缺少了对节目总体框架的把握，不熟悉节目的策划、选题等，记者、编辑、主持人只是各自扬其所长、避其所短。主持人仅用提示器思维方式来工作，前期采访由记者来做，节目的主题由编辑来构思，主要的串联则由编辑来写，主持人在大多数情况下只是一个读稿人。这就很容易造成编播脱节，造成主持人对所主持的节目的内容不甚了解，语言风格与节目不契合等问题。[①] 要提升我国广播新闻节目的传播效果尤其是海外传播效果，在新闻播报方面还要在以下方面多做努力：

第一，提高主持人的采编能力。为了缩短我国广播新闻节目主持人与国外广播新闻节目主持人之间的差距，还需要大大提高主持人在采编环节的能力。理想的新闻播报也需要具有“叙事流”，就像讲一个故事一样，有开头、中间和结尾部分。这需要主持人具有更全面的采、编、播能力，擅长采访和引导谈话走向，善于讲故事，有敏锐的新闻判断力等。这对我国新闻院系的培养机制和广播电视机构的选拔机制提出了更高的要求，在培养阶段除了要注重发声、语音等训练之外，还要注重新闻采访与新闻写作能力的训练，提高播音主持专业的综合文化素养和新闻理论水平。

第二，提高主持人和播音员的讲故事能力。播音员或主持人除了加强声音训练、塑造良好的声音形象之外，还要具备优秀的讲故事的能力和表演能力。有优秀的讲故事能力和表演能力的主持人或播音员能够更好地阐释和呈现新闻内容，也更容易吸引听众。

第三，参与新闻选题策划活动。我国广播电台的主持人或主播也应该在前期参与到新闻报道的选题策划中来。这样的话，主持人才能够事先加强对新闻事件的理解，对报道框架提出看法，并提前做好报道的准备工作，从而增强报道的深度，[②] 也使主持人从“播报”发展为“讲述”，从被动转换为主动。

---

① 蒋克强．谈谈建立城市广播电台主持人节目的群体机制问题［J］．中国广播电视学刊，1991（6）：70-72.

② 黄燕．打造记者型广播新闻节目主持人［J］．声屏世界，2007（1）：46.

（四）广播新闻评论

新闻评论是媒体舆论引导能力和引导水平的集中表现，也是扩大媒体影响力、提升媒体公信力的重要载体。评论，就像电台新闻杂志节目的所有其他元素一样，应该能够引起人们的思考。西方广播电台一般会播放一些具有挑衅性和独创性，甚至是具有冒险性的新闻评论，也就是人们在任何其他地方都不能听到的观点和分析。我国国内广播新闻评论则呈现出泛化和僵化的趋势，导致广播新闻评论越来越弱化和边缘化。当前，如何从国际传播角度做好广播新闻评论，还亟须我国广播业大力进行探索与改进。

首先，评论主体多元化。如果我们要制作面向国外听众的广播新闻评论节目，那么还需要在评论主体多元化上下功夫，在专业性和权威性的基础上彰显新闻评论的平衡性和客观性。西方广播新闻评论员不仅包括精英人士，也包括对某件事情有独特看法的普通人，甚至有的人是平生第一次也是唯一一次上广播。西方广播电台善于去寻找那些有独特观点又善于表达的人士来充当评论员，而且会对新闻评论内容进行严格的筛选和过滤。比如，它会鼓励某些人的想法，而阻拦其他一些人的想法，并且知道在什么时候需要有一个持对立观点的新闻评论。为了使我国广播新闻评论能够有较好的国际传播效果，也有按照国外受众的信息接收习惯，在新闻评论节目的制作上要更多地考虑使广播新闻评论听起来是平衡的。

其次，评论观点新颖化。与西方广播电台的新闻评论更倾向于观点的挑衅性、独创性和冒险性相比，我国广播新闻评论节目更倾向于理论政策宣讲、思想动员和社会呼吁。也就是说，西方广播新闻评论重视观点和分析的新奇性和独特性。评论中的观点和分析一般都不是受众通过其他媒介已经知晓的，而是他们不曾听到过的、新鲜的观点和分析。为此，我国广播电台对外新闻节目里播放的新闻评论可以选择一些引人入胜的、重大的或真正具有娱乐性的话题，用符合国外受众接受习惯的新闻评论语言来表达一些具有新颖性、个性化和独到性的观点。

总之，对外广播新闻节目要重视评论观点的个性化、评论话题的多样化、评论群体的均衡化。从根本上讲，西方广播新闻评论节目的原则和出发点还是“以受众为中心”，即保证新闻评论节目的内容是听众感兴趣的、愿意听的。我国广播新闻节目可以加强受众取向，使评论方式多一些真诚交流式的引导，少一些灌输教育式的指导；在追求深度的同时多一些宽度，多呈现不同层面的观点，在不同观点的碰撞中形成理性、建设性的看法。此外，还要改变报纸评论式的语言表达，多用简洁明快、通俗易懂的口语化表达。

（五）广播新闻节目制作

西方广播电台非常重视新闻节目制作，为了使每一天的节目都听起来和前一天的节目不一样，电台的制片人会努力在节目里制造一些能够吸引听众注意的“点滴瞬间”，或者一些特别突出的节目内容，也就是在内容或者在形式上制造一些让今天的广播新闻节目听起来跟昨天的广播新闻节目不一样的元素。我国广播新闻节目从前期选题、具体策划到广播新闻作品的编辑制作、剪辑取舍等都要重视，在节目制作中还要考虑到以下几点：

第一，良好的节目阵容编排。广播新闻节目板块首先要选择头条新闻放在节目的开头，然后根据事件的相对重要性来决定每条新闻要放在节目中的什么位置。可以把硬新闻放在节目最前面，接着是一条小小的软新闻，直到最后用“意外结局”来结束整个新闻节目。对国外受众来说，中国的新闻报道由于事件地点和人物国外听众都不太熟悉，或者国外听众对这些事件的理解需要进一步的背景信息和分析，所以听众需要花更长的时间来理解新闻内容的意思，相对来说也就更难消化这些新闻消息。因此，我国广播新闻节目在制片时，可以在一条需要听众花费脑力去理解内容思想的新闻后面，尽量紧接着给听众“奖励”一些有趣的内容。

第二，不要把太多类似事件堆积在一起。如果一个节目的开头是坠机事件，随后是在一次洪水灾难中的采访，接着是一个传染病暴发的报道，然后是抗击新冠的故事。虽然每一条新闻都是按地理位置或邻国的关联来排列的，但是，这样一连串的灾难故事本身的累积效应就是灾难性的。新闻事件之间的连接有很多更微妙的和更好的方式，比如，完全不同的、相互之间没有什么关系的两个新闻事件只要有相似的情绪氛围，那么将它们并列在一起，听众也会感觉很自然。

第三，不同新闻事件之间的过渡要和谐、恰当、不突兀。比如，如果想从一个严肃的话题过渡到像“纸尿布”这样的话题时，可以在中间放一段较长的音乐来缓慢过渡。许多广播新闻节目都会反复地播放政治、体育、商业或其他主题的新闻内容，不同新闻事件之间的过渡一定要适于观众收听。更形象一点来说，就是既要让节目像旧鞋一样穿得舒服，又不能让节目像旧鞋一样无聊乏味。因此，广播节目制作需要“玩转”广播形式，不断地尝试以不同寻常的方式来表达和衔接。

第四，合理的板块结构。制作一个新闻节目，一般在节目内容上都有固定的板块和中途休息时间，比如商业广告、节目预告或其他元素的插入等。因此，都必须严格按照节目时长和板块结构来安排内容。节目的不同板块可能在时间长度上长短各不相同，这意味着不仅要考虑到哪些事件是最重要的，还要考虑哪些新闻事件之间可以很好地相互匹配。我国广播新闻节目，尤其是重大题材报道也会遵循一些常用的制作方法，比如：在报道的起始部分注重生动趣味、以小见大、以实代虚，报道主体部分强化效果、制造冲突，报道结尾部分用恰当的音乐、精练的文字混合而成，或者使用“对比”的制作手法，在报道的高潮和结尾部分强化唯精、唯美原则等。要提高广播新闻节目的国际传播效果，还需要把各种声音元素融合在紧凑的时间里，并让这些新闻音频有完美的收听效果，能够抓住听众的“耳朵”。

总之，广播依旧是一种主要靠口语来传播的便捷的大众传播模式。要提高我国国际广播新闻节目的海外传播效果，在广播新闻制作过程中要非常重视故事与声音，要用声音来讲述故事，这样更能唤起人们的注意力。在新的媒介环境下，我国广播新闻节目制作方面既要在技术手段方面充分利用媒介技术的发展来提高节目音频质量，同时也要反映出广播媒介在传播观念、制作理念上的发展与革新。广播新闻节目制作不仅是要制作出技术上符合标准的音频作品，同时在内容上也要更加符合传播规律，更加符合海外受众接受习惯。我国广播电台的记者、编辑、制作人、主持人等不仅要会挖掘事实，还要会讲故事，会适时地给听众震撼感和娱乐感。我国国际广播新闻节目不仅需要提升节目制作水准，同时也需要观念的更新与超越，这样才能制作出更完美、更符合国际传播规律的新闻节目。

参考文献

［1］Kern，John.Sound Reporting：the Guide to Audio Journalism and Production［M］.Chicago：University of Chicago Press，2008.

［2］Cook，T.Governing with the News：The News Media as A Political Institution［M］.Chicago：University of Chicago Press，1998.

［3］Sparrow，B.Uncertain Guardians：The News Media as A Political Institution［M］.Baltimore：The Johns Hopkins University Press，1999.

［4］安德鲁·博伊德，彼得·斯图尔特，瑞·亚历山大.广播电视新闻报道（第6版）［M］.嵇美云，译.北京：清华大学出版社，2012.

［5］宝音.践行"四力"让广播新闻报道更具可听性——对《库布其的呼唤》的创作体会［J］.新闻战线，2018（20）：13-14.

［6］北京人民广播电台.北京人民广播电台年鉴（2010）［M］.北京：中国广播电视出版社，2012.

［7］北京人民广播电台.北京人民广播电台年鉴（2014—2015）［M］.北京：中国广播影视出版社，2018.

［8］卜晨光.试论现代广播节目主持人的语言魅力［J］.徐州师范大学学报，2007（4）：128-130.

［9］曹璐，吴缦.广播新闻业务［M］.北京：北京广播学院出版社，

1997.

［10］蔡丽莎．广播新闻报道：新形势下的角色转变［J］．江南论坛，2013（1）：39-40.

［11］陈海滨，张爱丽．浅谈广播新闻播报如何更好地贴近听众［J］．西部广播电视，2014（20）：139-140.

［12］陈作平．新闻报道新思路——新闻报道认识论原理及应用［M］．北京：中国广播电视出版社，2000.

［13］陈竹．广播节目主持人的“听众形象”［J］．湖南社会科学，2006（5）：217-219.

［14］程晾．媒介融合背景下广播记者新闻采写技巧研究［J］．记者观察，2018.

［15］丁文奎．广播电视新闻一体化的两点思考［J］．中国广播电视学刊，2019（8）：131.

［16］杜昊．广播新闻稿件采写技巧分析［J］．西部广播电视，2018（7）：108-109.

［17］封伟．广播电视新闻节目中舆论监督新闻的采编策略［J］．传媒论坛，2018（21）：76.

［18］高玲，肖玉英，李国宝．广播新闻评论的改进与提升［J］．中国广播电视学刊，2011（10）：80-81.

［19］高卫华．新闻传播学导论［M］．武汉：武汉大学出版社，2011.

［20］郭明越．广播电视新闻记者采访艺术研究［J］．记者摇篮，2019（8）：59-60.

［21］郭亚辉．不断创新才会生机勃发——漫谈新时期广播新闻报道［J］．新闻爱好者（理论版），2008（2）：60.

［22］韩阿涤．提高广播电台记者的采访能力与写作素养［J］．新闻传播，2017（13）：107-108.

［23］何溯源 . 浅谈新时期广播电台记者采访写作技巧［J］. 新闻传播，2017（12）：44–46.

［24］何迎霞 . 广播新闻记者在突发事件报道中的角色定位探讨［J］. 新闻传播，2019，351（6）：93–94.

［25］黄学林 . 广播新闻采访报道贴近听众的途径探讨［J］. 传播力研究，2019（26）：104–105.

［26］蒋晓宇 . 广播消息采写的特点与技巧探究［J］. 西部广播电视，2014（17）：52.

［27］靖鸣，臧诚 . 微博对把关人理论的解构及其对大众传播的影响［J］. 新闻与传播研究，2013（2）：55–69+127.

［28］李建刚 . 广播节目制作［M］. 北京：高等教育出版社，2013.

［29］李学愚 . 竖起你的耳朵——广播写作中的通感运用刍议［J］. 中国广播电视学刊，1996（11）：74–76.

［30］李艳红 . 作为创新的数据新闻：新闻组织如何采纳、实验并将其常规化？——对三家新闻组织的对比研究［J］. 复旦大学传播与中国论坛，2015：12.

［31］刘蕾 . 论广播电台记者的采访与写作素养［J］. 传媒论坛，2018（5）：44.

［32］刘莎 . 广播时政新闻的报道优势及创新策略［J］. 新闻传播，2019（12）：75–76.

［33］陆振娟，满东广 . 广播新闻制作要努力增强“可视性”［J］. 声屏世界，2005（12）：62.

［34］卢光宇 . 试论细节在广播新闻报道中的作用［J］. 西部广播电视，2017（23）：62.

［35］吕燕 . 新媒体时代广播新闻编辑如何转型创新［J］. 西部广播电视，2019（2）：156–157.

［36］陆应铸．以“三贴近”攻克顽症——给新闻报道“假大空”现象开“药方”［J］．新闻战线，2005（3）：9–10.

［37］马静．论广播记者做好突发新闻事件报道的策略［J］．传媒论坛，2019（9）：51+53.

［38］．毛更伟．广播新闻报道的故事化表达［J］．中国广播，2019（11）：88–90.

［39］申启武，杨硕．新媒体写作谈之七 互动：“对话时代”的网络广播“写作”［J］．新闻与写作，2020（10）：82–85.

［40］史小娟．记者做好新闻挖掘工作的措施［J］．神州，2018（12）：274.

［41］宋兆宽．新闻采写研究［M］．北京：中国广播电视出版社，2002.

［42］孙秀敏．浅谈广播新闻播音主持特点和播音技巧［J］．西部广播电视，2016（10）：161.

［43］田桂芳．广播电视新闻记者的编辑意识及提升策略初探［J］．新闻传播，2018（20）：88–89.

［44］涂佃春．广播电视新闻编辑的技巧探究［J］．新闻采编，2019（1）：37–38.

［45］王丹．广播电台记者的采访与写作素养探析［J］．传媒论坛，2018（1）：54–55.

［46］王海荣，曹坚．对外广播写作中的“多与少”［J］．视听界，2001（3）：28，39.

［47］王文科．广播新闻报道［M］．杭州：浙江大学出版社，2015.

［48］王宇，金梦玉．广播新闻报道与节目创新研究［M］．北京：中国传媒大学出版社，2006.

［49］汪娴．融媒体时代下如何培养广播新闻编辑的创新意识［J］．融

媒体研究，2016（22）.

［50］文有仁 . 西方新闻报道中客观形式的运用［J］. 中国记者，1997（9）：41–42.

［51］武斌 . 广播新闻报道的音响美［J］. 青年记者，2016（21）：64–65.

［52］肖峰 . 广播节目制作［M］. 武汉：武汉大学出版社，2014.

［53］杨明品，贺筱玲 . 广播新闻报道创优新论［J］. 中国广播，2002（7）：35–37.

［54］张静娟 . 新时期下促进广播电台编辑写作能力的分析［J］. 西部广播电视，2015（13）：177.

［55］张红兵 . 广播新闻报道者如何培养“现场第一”意识［J］. 新闻与写作，2013（3）：78–80.

［56］张广轶 .“互联网 +”背景下广播电视新闻报道方式的变化［J］. 西部广播电视，2019（17）.

［57］张迎秋 . 如何实现广播新闻报道的平民化［J］. 西部广播电视，2019（13）：53–54.

［58］张贞贞，龚险峰 . 从《新闻纵横》看广播新闻评论节目的变身突围［J］. 中国记者，2016（4）：42–44.

［59］周少芬 . 浅谈广播节目主持人的语言特色［J］. 山西大同大学学报（社会科学版），2006（4）：42–43.

［60］周文韬，贾亮 . 外宣：将国家比喻为一个人，与真挚、真实的人打交道效果最好——以中国国际广播电台英语广播讲好中国故事的创新传播为例［J］. 中国记者，2017（9）：64–66.

［61］张晓菲 . 英美广播实验室模式研究——以美国国家公共广播公司与英国广播公司为例［J］. 中国广播，2018（5）：57–60.